曾国藩家书·家训

——看先贤如何齐家

曾国藩 著
宋璐璐 译

中国书籍出版社
China Book Press

图书在版编目(CIP)数据

曾国藩家书·家训:看先贤如何齐家/(清)曾国藩著;宋璐璐译. -- 北京:中国书籍出版社,2015.1

ISBN 978-7-5068-3489-6

Ⅰ.①曾… Ⅱ.①曾… ②宋… Ⅲ.①曾国藩(1811 ~ 1872)—书信集②家庭道德—中国—清代Ⅳ.① K827=52 ② B823.1

中国版本图书馆 CIP 数据核字(2013)第 085410 号

曾国藩家书·家训——看先贤如何齐家

曾国藩 著　宋璐璐 译

策划编辑　武　斌
责任编辑　邓潇潇　王　淼
特约编辑　陈　娟　李明才
责任印制　孙马飞　马　芝
封面设计　北京天元晟然文化发展有限公司
出版发行　中国书籍出版社
地　　址　北京市丰台区三路居路 97 号(邮编:100073)
电　　话　(010)52257143(总编室)　(010)52257140(发行部)
电子邮箱　chinabp@vip.sina.com
经　　销　全国新华书店
印　　刷　三河市汇鑫印务有限公司
开　　本　710 毫米 ×1000 毫米　1/16
字　　数　300 千字
印　　张　13
版　　次　2015 年 1 月第 1 版　2015 年 1 月第 1 次印刷
书　　号　ISBN 978-7-5068-3489-6
定　　价　26.80 元

总 序

曾国藩是影响最大的晚清人物之一，他靠镇压太平天国起义起家，是清朝的“救命恩人”；他整顿湘军，使湘军将帅廉勇，军纪严明，成为一支骁勇善战的军队；他“匡救时弊”、整顿政风，倡导学习西方文化，发起洋务运动，使晚清出现了“同治中兴”；他克己唯严，标榜道德，崇尚气节，身体力行，获得了许多人的拥戴；他的学问文章兼收并蓄，博大精深，是近代大儒，“其著作为任何政治家所必读”；他以自己的独特经历和行为，成就了儒家的修身、齐家、治国、平天下目标和立功、立德、立言“三不朽”事业，甚至有人称其为“中华千古完人”。

曾国藩当然不是什么“中华千古完人”，其武功德行也由于时势的律动呈现出复杂的效应。但不可否认的是，曾国藩一生言行，的确体现了高超的智慧，值得后人认真总结，细致玩味。近年来，曾国藩论著的流行，正是这种需求的有力印证。作为对曾国藩思想智慧的分类展示，我们精心编选了《曾国藩全集精粹典藏本》，书系包括了《曾国藩家书·家训：看先贤如何齐家》《冰鉴·日记：看领导者如何识人、修身》《败经·挺经：看智者久立不败之术》《曾国藩奏折：看名臣如何上书》《曾国藩用兵谋略：看勇者如何带兵》以及《曾国藩诗文集：看学者笔下生花》，集结了曾国藩智慧的精华部分。

《曾国藩家书家训》整理并收录了《家书》七篇和《家训》五篇，全书行文从容镇定，形式自由，在平淡家常中蕴含真知良言，具有极强的说服力和感召力。

《冰鉴·日记》整理并收录了《冰鉴》七篇和《日记》八篇。《冰鉴》全面深入地剖析了辨貌、观行、识人的要领，可帮助人们在纷繁复杂的人际交往中分辨人的品格、能力和德操，在现代社会仍有借鉴意义。曾国藩一生坚持写日记，在日记中他记录自己的行为、反思自己的过错、检讨自己的得失，其中所体现的严于律己的精神是其取得功绩的秘诀之一。

《败经·挺经》整理并收录了《败经》十八篇和《挺经》十八篇。《败经》是一部具有实用价值的析败致胜的佳作，其内容包括曾国藩一生对“败”的深刻理解与感悟。《挺经》乃曾国藩对自己一生成功经验和失败教训的全面总结，言简意赅地表达了曾国藩成就事业的要旨、心得。

《曾国藩奏折》整理并收录了曾国藩生前的奏折数十篇。全书体现了晚清时期大臣与君王之间的微妙关系，将曾国藩在险恶政治环境中的生存智慧清晰地呈现在读者面前。

《曾国藩用兵谋略》是曾国藩对自己治军思想的高度总结，阐发了诸如军事上如何选用人才、如何对待将领、如何进行改革等许多道理，对现代读者的人生、工作、事业同样有着宝贵的借鉴意义。

《曾国藩诗文集》分为文集和诗集两部分。曾国藩一生留下了大量的文章、诗歌，后世文章大家梁启超对曾国藩的文章大加称赞，说单就文章而言，曾国藩也“可以入文苑传”。本书选取了曾氏的诗文代表作，让读者得以领略这位晚清名臣的文字造诣和文学修养。

阅读《曾国藩全集精粹典藏本》，可以让我们全方位地认识曾国藩、了解曾国藩，领略曾国藩的智慧与学识，进而通过曾国藩形象地感受中国传统文化的精彩与局限。

前　言

提起曾国藩，有人对其点头称赞，赞其为“中兴第一名臣”；有人则对其指责唾骂，骂其为“卖国贼”。因为曾国藩曾经率领湘军镇压了太平天国运动，被清廷称为“同治中兴”第一功臣；又在1861年创办了中国最早的洋务军工企业安庆内军械所，成为了洋务派的重要代表人物。但在辛亥革命之后，一些革命党人称他是“开就地正法之先河”，并且在“天津教案”中杀人割地，的的确确是一个遗臭万年的大汉奸。

美名也好，骂名也罢，曾国藩，这个颇受争议的人物在中国历史上的地位，是毋庸置疑的，对后世产生的影响也是不容忽视的。

曾国藩的家书、家训，大体涉及了以下几方面内容：

一、立志为万事之先

他一生强调立志，常说：“志不立，天下无可成之事。”在其家书家训中，立志之论甚多。立志之后，据此求过，自律自勉。他说：“余身旁须有一胸襟恬淡者，时时伺吾之短，以相箴规，庶不使‘矜心’生于不自觉。”曾国藩原先嗜好吸水烟，后来他要戒烟，但也不太容易，他对弟弟说：“自戒潮烟以来，心神彷徨几若无主。遏欲之难，类如此矣！不挟破釜沉舟之势，讵有济哉？”曾国藩硬是凭律己的毅力将烟戒绝。

二、为人讲求“拙诚”、“坚忍”

在为人处世上，曾国藩终生以“拙诚”、“坚忍”行事。他在写给弟弟的信中说："吾自信亦笃实人，只为阅历世途，饱更事变，略参些机权作用，便把自家学坏了！……贤弟此刻在外，亦急需将笃实复还，万不可走入机巧一路，日趋日下也。"至于坚忍功夫，曾国藩可算修炼到了极点。他说："困心横虑，正是磨练英雄，玉汝于成。李申夫尝谓余怄气从不说出，一味忍耐，徐图自强。因引谚曰：'好汉打脱牙和血吞。'此二语，是余生平咬牙立志之诀。余庚戌辛亥间，为京师权贵所唾骂；癸丑甲寅，为长沙所唾骂；乙卯丙辰为江西所唾骂；以及岳州之败，靖港之败，湖口之败，盖打脱牙之时多矣，无一次不和血吞之。"曾国藩崇尚坚忍实干，不仅在得意时埋头苦干，尤其是在失意时绝不灰心，他在安慰弟弟曾国荃连吃两次败仗的信中说："另起炉灶，重开世界，安知此两番之大败，非天之磨炼英雄，使弟大有长进乎？谚云：'吃一堑，长一智。'吾生平长进，全在受挫辱之时。务须咬牙励志，费其气而长其智，切不可徒然自馁也。"

三、持家应勤谨公正

在持家教子方面，曾国藩主张勤俭持家，努力治学，睦邻友好，读书明理。他在家书中写道："余教儿女辈惟以勤俭谦三字为主。……弟每用一钱，均须三思，诸弟在家，宜教子侄守勤敬。吾在外既有权势，则家中子弟最易流于骄，流于佚，二字皆败家之道也。"他希望后代能兢兢业业，努力治学。他常对子女说，只要有学问，就不怕没饭吃。他还说，门第太盛则会出事端，主张不把财产留给子孙，子孙不肖留亦无用，子孙图强，也不愁没饭吃，这就是他所谓的盈虚消长的道理。

四、用人力求"仁孝，血诚"

在治军用人方面，曾国藩更是有其独到之处。对于武器和人的关系，他认为"用兵之道，在人不在器"，"攻杀之要在人而不在兵"。在军队治理上主张以礼治军："带勇之法，用恩莫如用仁，用威莫如用礼"，"我辈带兵勇，如父兄带子弟一般，无银钱，无保举，尚是小事，切不可使他扰民而坏品行，因嫖赌洋烟而坏身体，个个学好，人人成材"。为使官兵严守纪律，爱护百姓，曾国藩亲作《爱民歌》以劝导官兵。在战略战术上，他认为战争乃死生大事，应“先求稳当，次求变化”。在用人上，讲求“仁孝，血诚”原则，选拔经世致用的人才。选人标准是“崇实黜浮，力杜工巧之风”，因而石达开说“曾国藩不以善战名，而能识拔贤将”。曾国藩的幕府就是一所人才培训基地，李鸿章、左宗棠、彭玉麟、华蘅芳等都在其左右共事。

通览家书、家训，微小处显大旨。无论是家庭琐事，还是用人大事，都能够看到曾国藩处事中的老庄之道。

本书精心挑选了曾国藩家书、家训中最具代表性的经典篇章，编辑成册，主要分为劝学篇、修身篇、治家篇、理财篇、交友篇、为政篇、用人篇、养心篇、学问篇、居家之道篇、居家五戒篇以及交接之道篇。译文语言简洁明了、通俗易懂，能够使读者轻松而准确地领悟其思想内涵。

曾国藩家书

曾国藩家训

劝学篇

禀父母

教弟写字

【原文】

男国藩跪禀父母大人万福金安：

三月初，奉大人正月十二日手谕，俱悉一切，又不知附有布匹、腊肉等在黄弗卿处，第不知黄氏兄弟何日进京，又不知家中系专人送至省城，抑托人顺带也。

男在京身体如常，男妇亦清吉。九弟体已复元，前二月间，因其初愈，每日只令写字养神，三月以来，仍理旧业，依去年功课。未服补剂，男分丸药六两与他吃，因年少不敢峻补。孙男女皆好，拟于三月间点牛痘。此间牛痘局，系广东京官请名医设局积德，不索一钱，万无一失。

男近来每日习帖，不多看书。同年邀为试帖诗课，十日内作诗五首，用白折写好公评，以为明年考差之具。又吴子序同年，有两弟在男处附课看文，又金台书院每月月课，男亦代人作文，因久荒制艺，不得不略为温习。

此刻光景已窘，幸每月可收公项房钱十五千外，些微挪借，即可过度，京城银钱比外间究为活动。家中去年彻底澄清，余债无多，此真可喜。

蕙妹仅存钱四百千，以二百在新窑食租，不知住何人屋？负薪汲水，又靠何人？率五素来文弱，何能习劳？后有家信，望将蕙妹家事琐细详书。余容后呈。

男谨禀。

道光二十二年三月十一日

【译文】

儿子国藩向父母亲大人跪请金安：

三月上旬，得见父母亲大人正月十二日的手谕，方才知道一切原委。随后又得知送来的布匹、腊肉等，均在黄弗卿处，可不清楚黄氏兄弟他们何时进京。也不晓得他们是家里有专人专送至省城呢，还是托人顺带送达？

儿子目前在京城身体如往常一样好，您的儿媳妇身体也很健康。九弟的身体正在慢慢恢复。因为他是久病初愈，所以整个二月份，只是安排他做一些书法练习养养神。这三月份以来，给九弟安排处理以前的一些课程，大多和去年的课程相同。因为弟弟年轻，身体经不住大补，所以没敢给他吃补药，只是给他开了六两丸药给他吃。您的孙子和孙女都还好，正准备在这三月份接种牛痘。我们这里的牛痘局，是广东籍官员请来的名医开设的，属于慈善机构，接种完全免费，绝不会出岔子。

儿子近日来每天都会写写字，可很少再看书了。以前的一些朋友邀请儿子去试帖诗课。在这十天里，儿子作诗五首，而且用白折将诗写好，供大家议评，就当是为明年正考前的模拟考试了。另外吴子序的两个弟弟在儿子这里进修，而且现在儿子每个月还会到金台书院去给学生们代课。偶尔还会帮人写写文章，因为很久都没写过八股文了，时间一长不免有些生疏，不得不抓紧温习一下。

眼下自己的手头不是太宽裕，幸好可以收些公项房钱十五千外，再加上到外面稍微借点，生活勉强还可以维持下去。京城的银钱挪借比外地究竟还是活泛些。不过家里过去的欠债，去年年底基本都已还清，剩下的外债不多了，这真是件让人高兴的事啊！

蕙妹的存款仅有四百千，可她每个月的租金就需要二百千。不知她到底住的谁的房子？平常担水劈柴这些力气活谁来干？率五自幼体弱，哪能适应得了体力劳动！以后再有家信寄来时，盼望将蕙妹家情况仔细写来。信就先写到这儿吧，其他事容以后儿子给家写信时再禀告。

儿子谨禀。

道光二十二年三月十一日

禀父母

劝两弟学业宜精

【原文】

男国藩跪禀父母大人万福金安：

六月廿八日接到家书，系三月廿四日所发，知十九日四弟得生了，男等合室相庆。四妹生产虽难，然血晕亦是常事，且此次既能保全，则下次较为容易。男未得信时常以为虑，既得此信，如释重负。

六月底，我县有人来京捐官，言四月县考时，渠在城内并在彭兴岐、丁信风两处面晤四弟六弟，知案首是吴定五。男十三年前在陈氏宗祠读书，定五才发蒙作起讲，在杨畏斋处受业，来年闻吴春冈说定五甚为发奋，今果得志，可谓成就甚速。其余前十名及每场题目，渠已忘记，后有信来，乞四弟写出。

四弟六弟考运不好，不必挂怀。俗语云：“不怕进得迟，只要中得快。”从前邵丹畦前辈四十三岁入学，五十二岁作学政。现任广西藩台汪朗，渠于道光十二年入学，十三年点状元。阮芸台前辈于乾隆五十三年县府试头场皆未取，即于其年入学中举，五十四年点翰林，五十五年留馆，五十六年大考第一，比放浙江学政，五十九年升浙之出抚。些小得失不足患，特患业之不精耳。两弟场中文若得意，可将原卷领出寄京；若不得意，不寄可也。

男等在京平安，纪泽兄妹二人体甚结实，皮色亦黑。

逆夷在江苏滋扰，于六月十一日攻陷镇江，有大船数十只在大江游弋，江宁扬州二府颇可危虑。然而天不降灾，圣人在上，故京师人心镇定。

同乡王翰城告假出京，男与陈岱云亦拟送家眷南旋，与郑莘田、王翰城四家同队出京。男与陈家本于六月底定计，后于七月初一请人扶乩，似可不必轻举妄动，是以中止。现在男与陈家仍不送家眷回南也。

正月间俞岱青先生出京，男寄有鹿脯一方，托找彭山屺转寄，俞后托谢吉人转寄，不知到否？又四月托李昺冈寄银寄笔，托曹西垣寄参，并交陈季牧处，不知到否？

前父亲教男养须之法，男仅留上唇须，不能用水浸透，色黄者多，黑者少，下唇拟待三十六岁始留。男每接家信，嫌其不详，嗣后更愿详示。

男谨禀。

道光二十二年七月初四日

【译文】

儿子国藩向父母亲大人跪请金安：

六月二十八那天，接到了家里的来信。发信日期是三月二十四日。看了信方才得知四弟在十九日那天喜得贵子，儿子代表全家向四弟表示祝贺。四弟妹生孩子虽然不是很顺利，但是晕血也不是什么大事。而且这次孩子能平安无事地生下来，以后再生产时，肯定会容易得多。儿子没收到家里的消息前，心里始终是忧心忡忡，现在收到了这封信，儿子如释重负。

今年六月底，咱县里有人来京城捐官。那人说四月县考时，他就在城里，而且还在彭兴歧、丁信风两处，遇见了四弟和六弟。在谈话中，方才得知会考的第一名是吴定五。想当初十三年前，儿子在陈氏宗祠读书时，那会儿定五刚刚入门。他在杨畏斋那里读书。去年的时候，我听吴春冈说定五学习非常地刻苦勤奋。今天果然一朝得志，进步之快，可见定五之才十分了得。而中榜的前十名以及每场的题目，他都已忘记。以后再来信时，望四弟务必写下来告知我。

四弟和六弟这次没能考中，也不必过于放在心上。俗话说："不怕进得迟，只要中得快。"我们的老前辈邵丹畦先生，四十三岁入学，五十二岁就做了学政。现任的广西藩台大人汪朗，他在道光十二年入学，随即道光十三年就被点为状元。还有前辈阮芸台，在乾隆五十三年的县府考试中，他连头场都没有被录取，可就在当年的入学考试里中了举人，乾隆五十四年，阮芸台被点为翰林，五十五年他被留在馆中。乾隆五十六年天下大考时，阮前辈名列头名第一，被朝廷任命为浙江学政，五十九年随即升任浙江巡抚。一时的得失不必过于纠结，怕就怕你们学业不精。假如两位弟弟觉得自己的文章还算上乘之作，可将考场原卷取出寄到京城来。如果你们自己都不是很满意，那就不必寄了。

儿子及家人在京城一切安好，纪泽兄妹二人，身体也很结实，就是最近晒黑了点。

英国佬最近不断地在江苏滋事，已经在六月十一日攻陷镇江，他们共有大船几十只，每天不间断地在大江沿海一带游弋。江宁、扬州两府都已情况十分危急。但是，我大清圣上英明，风调雨顺，因此京城并没有受到什么影响，人心依然安定。

在京为官的同乡王翰城，最近告假出京，儿子和陈岱云本来也准备送家眷回南方的。而且儿子和郑莘田、王翰城等四家同队出了京。本打算在六月底就可按照计划到达，但七月初一的时候请人占卜，似乎不宜轻举妄动，因此此次未能成行。现在儿子与陈家，也就不再送家眷回南方了。

正月的时候，俞岱青先生离开了京城。儿子托彭山屺先生转交俞先生往家里捎有鹿脯一块，后来俞先生又转交给谢吉人转送家里，也不知道家里收到没有？四月的时候，儿子又托李昺冈往家里捎有笔墨和银两，又托曹西垣捎有人参，一并交由陈季牧那里转送，这些不知家里都收到没有？

前几次通信里，父亲教儿子保养胡须的方法。现在儿子只留了上唇须，不能用水浸透，黄色的多，黑色的少。而下唇须儿子准备到了三十六岁之后再留。儿子每次接到家信，儿子都嫌写得不详细，希望以后父亲能给儿子详细训示。

儿子谨禀。

道光二十二年七月初四日

致诸弟

求学方法

【原文】

四位老弟足下：

九弟行程，计此时可以到家。自任丘发信之后，至今未接到第二封信，不胜悬悬，不知道上有甚艰险否？四弟、六弟院试，计此时应有信，而折差久不见来，实深悬望。

予身体较九弟在京时一样，总以耳鸣为苦。问之吴竹如，云只有静养一法，非药物所能为力。而应酬日繁，予又素性浮躁，何能着实静养？拟搬进内城住，可省一半无谓之往还，现在尚未找得。

予时时日悔，终未能洗涤自新。九弟归去之后，予定刚日读经柔日读史之法。读经常懒散不沉着。读《后汉书》现已丹笔点过八本，虽全不记忆，而较之去年读《前汉书》领会较深。九月十一日起，同课人议每课一文一诗，即于本日申刻用白折写。予文诗极为同课人所赞赏，然予于八股绝无实学，虽感诸君奖借之殷，实则自愧愈深也。待下次折差来，可付课文数篇回家。予居家懒做考差工夫，即借此以磨砺考具，或亦不至临场窘迫耳。

吴竹如近日往来极密，来则作竟日之谈，所言皆身心国家大道理。渠言有窦兰泉者，云南人，见道极精当平实，窦亦深知予者，彼此现尚未拜往。竹如必要予搬进城住，盖城内镜海先生可以师事，倭艮峰先生、窦兰泉可以友事。师友夹持，虽懦夫亦有立志。予思朱子言为学譬如熬肉，先须用猛火煮，然后用漫火温，予生平工夫全未用猛火煮过，虽略有见识，

乃是从悟境得来，偶用功亦不过优游玩索已耳，如未沸之汤，遽用漫火温之，将愈煮愈不熟矣。以是急思搬进城内，屏除一切，从事于克己之学。镜海、艮峰两先生，亦劝我急搬。

而城外朋友，予亦有思常见者数人，如邵蕙西、吴子序、何子贞、陈岱云是也。蕙西尝言：与周公谨交，如饮醇醪，我两人颇有此风味，故每见辄长谈不舍。子序之为人，予至今不能定其品，然识见最大且精，尝教我云：用功譬若掘井，与其多掘数井而皆不及泉，何若老守一井，力求及泉而用之不竭乎？此语正与予病相合，盖予所谓掘井多而皆不及泉者也。

何子贞与予讲字极相合，谓我真知大源，断不可暴弃。予尝谓天下万事万理皆出于乾坤二卦，即以作字论之：纯以神行，大气鼓荡，脉络周通，潜心内转，此乾道也；结构精巧，向背有法，修短合度，此坤道也。凡乾以神气言，凡坤以形质言，礼乐不可斯须去身，即此道也。乐本于乾，礼本于坤，作字而优游自得真力弥满者，即乐之意也；丝丝入扣转折合法者，即礼之意也。偶与子贞言及此，子贞深以为然，谓渠生平得力尽于此矣。陈岱云与吾处处痛痒相关，此九弟所知者也。

写至此，接得家书，知四弟六弟未得入学，怅怅然。科名有无迟早，总由前定，丝毫不能勉强。吾辈读书，只有两事：一者进德之事，讲求乎诚正修齐之道，以图无忝所生；一者修业之事，操习乎记诵词章之术，以图自卫其身。进德之身，难于尽言，至于修业以卫身，吾请言之。

卫身莫大如谋食。农工商，劳力以求食者也；士，劳心以求食者也。故或食禄于朝，或教授于乡，或为传食之客，或为入幕之宾，皆须计其所业，足以得食而无愧。科名者，食禄之阶也，亦须计吾所业，将来不至尸位素餐，而后得科名而无愧。食之得不得，穷通由天作主，予夺由人作主，业之精不精，则由我作主，然吾未见业果精而终不得食者也。农果力耕，虽有饥馑必有丰年；商果积货，虽有雍滞必有通时；士果能精其业，安见其终不得科名哉？即终不得科名，又岂无他途可以求食者哉？然则特患业之不精耳。

求业之精，别无他法，曰专而已矣。谚曰："艺多不养身"，谓不专也。吾掘井多而无泉可饮，不专之咎也。诸弟总须力图专业，如九弟志在习字，亦不必尽废他业，但每日习字工夫，断不可不提起精神，随时随事，皆可触悟。四弟六弟，吾不知其心有专嗜否？若志在穷经，则须专守一经，志在作制义，则须专看一家文稿，志在作古文，则须专看一家文集；作各体诗亦然；作试帖亦然；万不可以兼营并骛，兼营则必一无所能矣，切嘱切嘱！千万千万！

此后写信来，诸弟各有专守之业，务须写明，且须详问极言，长篇累牍，使我读其手书，即可知其志向识见。凡专一业之人，必有心得，亦必有疑义。诸弟有心得，可以告我共赏之；有疑义，可以问我共析之。且书信既详，则四千里外之兄弟，不啻晤言一室，乐何如乎？

予生平伦常中，惟兄弟一伦抱愧尤深。盖父亲以其所知者尽以教我，而我不能以吾所知者尽教诸弟，是不孝之大者也。九弟在京年余，进益无多，每一念及，无地自容。嗣后我写诸弟信，总用此格纸，弟宜存留，每年装订成册。其中好处，万不可忽略看过。诸弟写信寄我，亦须用一色格纸，以便装订。

兄国藩手具。

道光二十二年九月十八日

【译文】

四位贤弟足下：

根据九弟的行程安排，想必现在已经到家了吧？自从那次在任丘通信之后，至今也没有接到九弟的第二封回信，心里总是有些担心挂念！不知道是不是路上有什么艰难险阻吗？四弟和六弟院试，估计现在应该有结果了，而信差许久也不见来，这实在令人悬念盼望！

我的身体状况，还和六弟在京城时一样，每天总是得承受着耳鸣之苦。后来问了吴竹如，他说："只有静养这一种办法，这不是药物所能治愈的。"而每天的应酬是络绎不绝，我又向来性子浮躁，哪里能实实在在静养？所以我打算搬到内城去住，这样可以省去一半的往返路程，不过现在在内城还没有找到房子。

最近我时刻都在忏悔，却还是没能做到洗涤自新。九弟回去以后，我决定情绪高亢时读经书，情绪平缓时读史书。但读经常常是懒散不沉着，读《后汉书》已用朱笔点过八本，虽说不全记得，但比去年读《前汉书》领会要深刻些。九月十一日起，一同研习功课的人商议每次作一文一诗，就在当天申刻用白折写好。我的诗文都为大家所赞赏，但是我在八股文方面没有什么才能，虽然各位先生的赞赏颇多，但实在是惭愧之至。等到下次信差再来的时候，我会在信中附上几篇自己的文章寄回家。平时我懒于做考差（清代各省乡试正副主考官的选拔考试）方面的工夫，故想借此机会练习一下科考时的必备用具，以防真到了临考的时候，自己尴尬。

吴竹如与我近日来往极为密切，每次他上了家来，都要和我长谈一整天，所聊的内容都是一些关于身心、国家的大事。据他讲到，有个叫窦兰泉的云南人，悟道非常精当且平实，而且据说姓窦的对我还很了解，尽管我和他彼此之间还素未谋面。竹如一定要我搬进城里住，因为城里的镜海先生可以为师，倭艮峰先生和窦兰泉先生可以为友，师友夹持，就是一个懦夫也要立志。我想朱熹说过："做学问好比炖肉，先要用猛火煮，然后用慢火温。"我生平的工夫，全没用猛火煮过。虽然有些见识，都是悟得的，偶尔用功也不过闲适地体味罢了。好比没有煮沸的水，马上用温火温，越温越不熟。因此，我真的急于想搬进城里去住，希望借此能排除一切杂念，从事一些真正的"克己复礼"的学问。镜海、艮峰两位先生，也劝我赶紧搬家。

而城外的朋友，我也有数位想经常见面的，他们有邵蕙西、吴子序、何子贞、陈岱云。蕙西曾经对我提起，说和周公谨在一起，犹如喝醇酒一般陶醉，有时我们也有相同的感觉，所以每次见面我们总是要促膝长谈，久久不愿分开。子序这个人，我至今不能确定他的品行，但是他的见识却是博大精深。他曾教诲我说："用功好比挖井，与其挖好几口井而看不见泉水，倒不如只挖一口井，一定要挖到看见泉水为止，那就取之不尽，用之不竭了。"这几句话他似乎就是有意在说我呢，因为我就是一个挖井多却不见泉水的人。

何子贞与我讨论书法时，我们确实如同知音。他夸赞我是真的懂得书法的真谛，鼓励我决不可断然放弃。我常常说天下一切事理，皆逃不出"乾坤"二卦，就以书法为例，书法的真谛在于用神韵去展现书法的奥妙，大气激荡，脉络周通，潜心内转，这就是乾的道理；结构精巧，向背有法，修短合度，这就是坤的道理。乾，从神韵而言；坤，从形体而论。礼乐不可一刻离身，也是这道理。乐，本于乾；礼，本于坤。写字而优游自得，真力弥满，就是乐的意味了。丝丝入扣，转折合法，就是礼的意味了。偶尔我与子贞谈到这些的时候，子贞总是会特别地赞同我的说法，说他生平得力尽在于此。而陈岱云与我处处痛痒相关，这事九弟是最清楚的。

我的信刚写到这里，就接到了家里的来信。信上说四弟六弟没有中榜，对此我很遗憾！不过奉劝两位贤弟，有没有功名，或者说功名来得是早是晚，这在生前就是已经注定的命运！希望两位弟弟不要过于强求和勉强。我们读书，只为两件事：一是进德，讲求个"诚正修齐"的道理，只要做到"不负一生"即可；二是修业，我们为那么多诗词文章成天抄诵背念，无非就是想学得一身学问自立保身。进德的事，一时难以说完；至于修业保身，请让我好好说说。

保身最可靠的方法就是自己学会谋生。务农、从事手工业、经商，这

些是靠体力劳动谋生；读书为官，是靠脑力劳动谋生。所以说，或者在朝为官拿官家的俸禄，或者在乡里教书赚个糊口的日子钱，或者做名士官宦所养食客，或者做高官显爵的幕僚宾客，都是用自己所修的业，达到谋生无愧于心的目的。通过科举考试而获取功名，是当官拿俸禄的阶梯，也要衡量自己学业如何，将来不至于徒占其位，不谋其事，得了科名心里也问心无愧。谋生谋得谋不得，人生际遇顺与不顺，归根结底由天做主，受人褒贬则由他人做主，业精不精才全由自己做主。然而我没有见过精于学业而始终无法谋生的人。农夫如果努力耕种，虽然会有饥荒，但一定也有丰收的时候。商人如果积藏了货物，虽然会有积压，但一定会有畅销的时候。读书人如果能精通学业，又怎么会无法取得功名？即便未取得功名又怎会没有其他途径谋生呢？因此唯恐学艺不精啊。

要精于学业，没有其他的捷径，只有深入专一。谚语有云："技艺多了不能够养身"，说的就是不够专一。我就是挖井多却无泉可饮，这就是不专的原因。各位弟弟要力求专精，如九弟志在书法，虽也不必完全废弃其他，但每天写字的工夫，不可不提起精神，无论什么时间什么事情，都可以触动灵感。四弟六弟，我不知道你们心里有特别喜欢的功课没有？如果志向在研习儒家经典，那么应该专门研究一种经典。如果志向在八股文，那么应该专门研究一家的文稿。如果你们的志向是在作古文上，那就应该专挑一家的古文集学习。而且作各种体裁的诗是这样，作试帖（封建时代的一种诗体）也是这样。千万不要想着样样兼顾，不然到最后肯定是一无所成。切记切记！千万千万！

以后跟我再通信的时候，各位弟弟一定要在书信里，将自己专攻的学业写明告知我。不仅如此，而且务必写明，还要详细地提出一些问题，详述你们最近的学习的心得，长篇累牍地写来，使我读了之后，就可以知道你们的志趣和学识。大凡修业专一的人，一定会有心得，也一定有疑问。弟弟们有心得，告诉我可以一起分享；如有什么疑问，可以问我，我可以和你们一起分析想办法。而且写得是越详细越好，那就像咱们兄弟间，虽然相隔四千里之遥，却就像在一间屋子里当面探讨一样，那是一件何等快乐的事啊！

我生平的伦常亲情中，只有对兄弟这一辈常常觉得亏欠太深。因为从小父亲把他所知道的，通通都教给了我，而我却不能把我所知道的，全部传授给自己的弟弟们，我真是大不孝啊！九弟在京城这一年多来，进步不是很明显。每当我想起此事，真是羞愧得无地自容。以后我再给弟弟们写信的时候，还要用这种格子纸写，而弟弟们以后也要把我写的信都留着，以后每年将我们来往的书信装订成册。这样做的好处，弟弟们切不可轻视。而以后弟弟们写信寄我时，也要用统一的格子纸，以便装订。

兄国藩亲笔。

道光二十二年九月十八口

致诸弟

读家宜立志有恒

【原文】

诸位贤弟足下：

十一月前八日已将日课抄与弟阅，嗣后每次家信，可抄三页付回。日课本皆楷书，一笔不苟，惜抄回不能作楷书耳。冯树堂进攻最猛，余亦教之如弟，知无不言。可惜弟不能在京与树堂日日切磋，余无日无刻不太息也。九弟在京年半，余懒散不努力。九弟去后，余乃稍能立志，盖余实负九弟矣。余尝语岱云曰："余欲尽孝道，更无他事，我能教诸弟进德业一分，则我之孝有一分；能教诸弟进十分，则我之孝有十分；若全不能教弟成名，则我大不孝矣。"九弟之无所进，是我之大不孝也。惟愿诸弟发奋立志，念念有恒，以补我不孝之罪，幸甚幸甚。

岱云与易五近亦有日课册，惜其识不甚超越。余虽日日与之谈论，渠究不能悉心领会，颇疑我言太夸。然岱云近极勤奋，将来必有所成。

何子敬近待我甚好，常彼此作诗唱和，盖因其兄钦佩我诗，且谈字最相合，故子敬亦改容加礼。子贞现临隶字，每日临七八页，今年已千页矣。近又考订《汉书》之讹，每日手不释卷。盖子贞之学长于五事：一曰《仪礼》精，二曰《汉书》熟，三曰《说文》精，四曰各体诗好，五曰字好。此五事者，渠意皆欲有所传于后。以余观之，此三者余不甚精，不知浅深究竟何如。若字，则必传千古无疑矣。诗亦远出时手之上，必能卓然成家。

近日京城诗家颇少，故余亦欲多做几首。

金竺虔在小珊家住，颇有面善心非之隙。唐诗甫亦与小珊有隙，余现仍与小珊来往，泯然无嫌，但心中不甚惬洽耳。黄子寿处，本日去看他，功夫甚长进，古文有才华，好买书，东翻西阅，涉猎颇多，心中已有许多古董。何世兄亦甚好，沉潜之至，天分亦高，将来必有所成。吴竹如近日未出城，余亦未去，盖每见则耽搁一天也。其世兄亦极沉潜，言动中礼，现在亦学倭艮峰先生。吾观何吴两世兄之姿质，与诸弟相等，远不及周受珊、黄子寿；而将来成就，何吴必更切实。此其故，诸弟能看书自知之，愿诸弟勉之而已。此数人者，皆后起不凡之人才也，安得诸弟与之联镳并驾，则余之大幸也。

门上陈升一言不合而去，故余作《傲奴诗》，现换一周升作门上，颇好。余读《易·旅卦》“丧其童仆”，象曰：“以旅与下，其义丧也。”解之者曰：“以旅与下者，谓视童仆如旅人，刻薄寡恩，漠然无情，则童仆将视主如逆旅矣。”余待下虽不刻薄，而颇有视如逆旅之意，故人不尽忠，以后余当视之如家人手足也。分虽严明而情贵周通，贤弟待人亦宜知之。

余每闻折差到，辄望家信。不知能设法多寄几次否？若寄信，则诸弟必须详写日记数天，幸甚。余写信亦不必代诸弟多立课程，盖恐多看则生厌，故但将余近日实在光景写示而已，伏惟诸弟细察。

道光二十二年十一月十七日

【译文】

诸位贤弟足下：

十一月前八日，我已经将日课抄在信中发给你们看，以后再写信时，你们可每次抄写三页寄回。我自己的日课，写的时候都是用的楷体，而且写得是一丝不苟，只可惜寄给你们的抄本没能用楷体写。最近冯树堂进步很快，我教他就像对诸位兄弟一样，是知无不言，言无不尽。可惜弟弟们

不能在这里与树堂天天切磋学问，我无时无刻不为此叹息。九弟在京城一年半的时光里，那段时间我比较的懒散，没能让九弟有什么长进；九弟走了之后，我才稍微收敛心神精研学问，因此我太有负于九弟了！我时常对岱云说："我想尽孝道，没有别的事比这更重要的。如果我能教育弟弟们进德修业一分，那我就是尽孝一分；能够教育弟弟们进步十分，那我就是尽孝十分。如果我没能教弟弟们成才，那我就真是大大的不孝了。"正因如此，九弟的学问没有长进，真是我的大不孝啊！所以希望弟弟们能发奋立志，持之以恒地学习，以弥补我的不孝之罪，那我就真的很庆幸了！

岱云与易五近日来也制定了每日的课业和练习，只可惜他们的学识没有什么进步。虽然我和他们天天谈论学问，但是他们却总是不能全部领悟，而且还总是怀疑我的说法言过其实。不过岱云近日来倒是表现得很勤奋，将来一定会有所作为。

何子敬近来对我很亲近，我们常常彼此作诗吟唱。皆因他的兄长很欣赏我的诗作，而且在谈论书法时，我们也很有共同语言。因此子敬对我也改变了原来的态度，对我比以前更加尊重。子贞最近在临摹隶书，每天都要写个七八页，今年一年他已临摹了有千页。近来他又在考订《汉书》的纰漏，每天都是手不释卷。子贞的学问，有五个方面见长：一是《仪礼》精通，二是《汉书》熟悉，三是《说文》精湛，四是各种体裁的诗技高；五是书法潇洒。这五个方面的长处，他都想有所成就传于后世。在我看来，我在前三个方面不是很精通，也不清楚他到底深浅如何。但是如果说到书法，那他的作品必定是可传于千古的，这是毫无疑问的。他所作的诗，其水平在同时代诗人里也是佼佼者，将来一定能成为大家。近来京城的新诗问世的很少，所以我就想多作几首。

金竺虔在小珊家住，两人有嫌隙，面和而心不和。唐诗甫也和小珊有嫌隙。我现在仍旧与小珊往来，表面上没有嫌隙，但心里不太乐意和融洽。我今天去看了黄子寿，他的学问是大有长进，尤其是古文很有才华，而且特别喜欢买书，东翻翻，西看看，博览群书，涉猎很广，心里已收藏了不少经典之作。何大哥最近也很好，整日里在家中韬光养晦，再加上天分也高，将来一定能有所成就。吴竹如近日没有出城，我也没有出去，因为见一次面便耽搁一天的时光。他的世兄也很沉着，言行合乎礼节，现在也师事倭艮峰先生。我看何、吴两世兄的姿质，和弟弟们不相上下，可远不及周受珊、黄子寿，但他们将来的成就，何、吴一定更切实些。我这样说的意思，想必弟弟们能在看书学习后自然明了，希望弟弟们共勉，努力。而我谈到的这几位，都是些不简单的后起之秀， 假如什么时候弟弟们能够和他们并驾齐驱，那就是我的大幸了！

门上的陈升，前几日因为与我一言不合，便拂袖而去。为此我有感而发，特意作了一首《傲奴诗》。现在的门上换成了周升，他人还是不错的。我读《易·旅卦》“丧其童仆”，《象传》里说：“以旅与下，其义丧也。”解释的人说：“以旅与下，就是说如果主子把自己的下人看作是陌生的路人，对其刻薄寡恩，漠然无情，那么下人也会把自己的主子看作是陌生人。”我对待下人虽说不上刻薄，可也把他们看作是路人，所以他们自然就对我不尽忠报效，今后我一定要将下人当做自己家人手足一般。主仆间的关系虽然严明，但是如果能做到感情上的亲密通达，还是难能可贵的。贤弟们在对待别人的时候，也应该铭记这样的道理。

我每次听到有信差到的时候，便翘首企盼着有家信到。不知以后你们能不能设法多寄几封过来？以后如果再寄信，希望弟弟们能详细地写几天日记，这样的话就太好了。我写信时，也不敢代你们多立课程，担心写多了让你们产生厌烦心理，所以只写近日来发生的事情。希望弟弟们能仔细看我的信。

道光二十二年十一月十七日

曾国藩家书

——看先贤如何齐家

修身篇

禀父母

谨守父亲保身之则

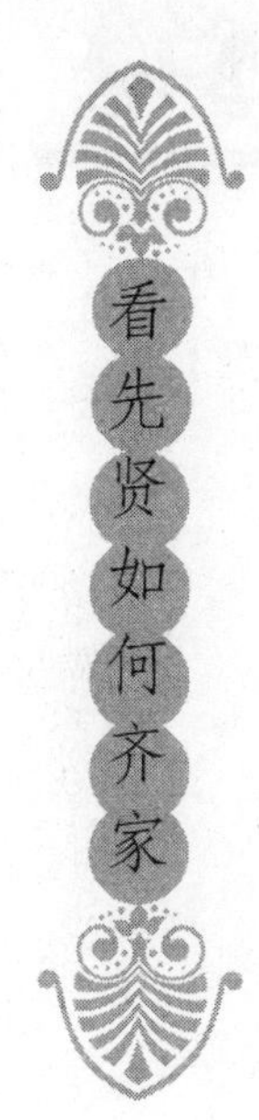

【原文】

男国藩跪禀：

父亲大人万福金安，自闰三月十四日，在都门拜送父亲，嗣后共接家信五封。五月十五日，父亲到长沙发信，内有四弟信，六弟文章五首。谨悉祖父母大人康强，家中老幼平安，诸弟读书发奋，并喜父亲出京，一路顺畅，自京至省，仅三十余日，真极神速。

迩际男身体如常，每夜早眠，起亦渐早。唯不耐久思，思多则头昏，故常冥心于无用，优游涵养，以谨守父亲保身之训。九弟功课有常，《礼记》九本已点完，《鉴》已看至《三国》，《斯文精粹》诗、文各已读半本，诗略进功，文章未进功。男亦不求速效，观其领悟，已有心得，大约手不从心耳。

甲三于四月下旬能行走，不须扶持，尚未能言，无乳可食，每日一粥两饭。家妇身体亦好，已有梦熊之喜，婢仆皆如故。

今年新进士龙翰臣得状元，系前任湘乡知县见田年伯之世兄，同乡六人，得四庶常，两知县，复试单已于闰三月十六日付回。兹又付呈殿试朝考全单。

同乡京官如故，郑莘田先生给谏服阙来京，梅霖生病势沉重，深为可虑。黎樾乔老前辈处，父亲未去辞行，男已道达此意。广东之事，四月

十八日得捷音，兹将抄报付回。

男等在京，自知谨慎，堂上各老人不必挂怀。家中事，兰姊去年生育，是男是女？楚善事如何成就？伏望示知。男谨禀，即请母亲大人万福金安。

道光二十一年五月十八日

【译文】

儿子国藩向父母亲大人跪请金安：

自闰三月十四日，都门送别父亲离京以来，这期间共收到五封家书。五月十五日那天，收得父亲从长沙给儿子来的信，而且里面还附有四弟的一封信，以及六弟的五篇文章。获悉家里的祖父母大人身体安康，一家老幼平安，诸位弟弟读书也异常勤奋，同时获悉父亲离京返家的途中一切顺利，只用了三十多天的行程便抵达家中，儿子高兴之余，也惊呼父亲神速。

近日来儿子的身体依然康健。每天都睡得极早，起床也渐渐变早。只是不能长时间用脑子，不然容易头昏。所以我时常谨遵父亲要我注意养身的训导，常常冥心养神，较少思考，以此加强涵养。九弟的功课如常，《礼记》已点完九本，《鉴》已读至《三国》，《斯文精粹》诗、文各读完半本，他的诗作已经略有长进，但是文章尚无什么进展。但我也不只求他快速显现学习效果，看他对文章的领会，心得还是有的，只是心里想法还不能写出来而已。

甲三在四月下旬时，不用人搀扶便会自己走路了。只可惜他还不会讲话，又没有奶吃，所以平常每日里是一顿粥两顿饭，您的儿媳妇的身体也好，并已显露出怀男孩的喜兆，家里的婢女下人们也都和以前一样。

今年的新科状元是新晋的进士龙翰臣，他是湘乡前任知县见田年伯的世兄。而此次得中的六位同乡中，得庶常四人、知县两人。复试的名单和成绩，儿子已经在闰三月十六日给家里寄过去了，现把殿试朝考的全部名单寄回。

同乡在京为官的，近期并无什么变化。郑莘田的服丧期已满，近日来已回京城。病重的梅霖生身体是越来越差，让人看了无不忧虑。父亲临行前，没能到黎樾乔老前辈那里辞别，现今儿子已经将父亲的歉意转达到。广东那边的战事，捷报已在四月十八日送达，儿子今将捷报抄寄一份寄回家中。

儿子身在京城，自知万事需要谨慎小心。家中各位老人不必过于挂念。至于家里的事，我听说兰姐去年生了孩子，也不知道生的是男是女？楚善的事最后是怎样处理的？望父母回信给儿子示下。儿子谨禀，即请母亲大人万福金安。

道光二十一年五月十八日

禀父母

自我反省

【原文】

男国藩跪禀父母亲大人万福金安:

十月二十二，奉到手谕，敬悉一切。郑小珊处，小隙已解。

男前于过失，每自忽略，自十月以来，念念改过，虽小必惩，其详俱载示弟书中。

耳鸣近日略好，然微劳即鸣。每日除应酬外，不能不略自用功，虽欲节劳，实难再节。手谕示以节劳，节欲，节饮食，谨当时时省记。

萧辛五先生处寄信，不识靠得住否？龙翰臣父子，已于十一月初一日到；布匹线索，俱已照单收到，惟茶叶尚在黄恕皆处。恕皆有信与男，本月可到也。男妇及孙男女等皆平安，余详于弟书。

谨禀。

道光二十二年正月二十六日

【译文】

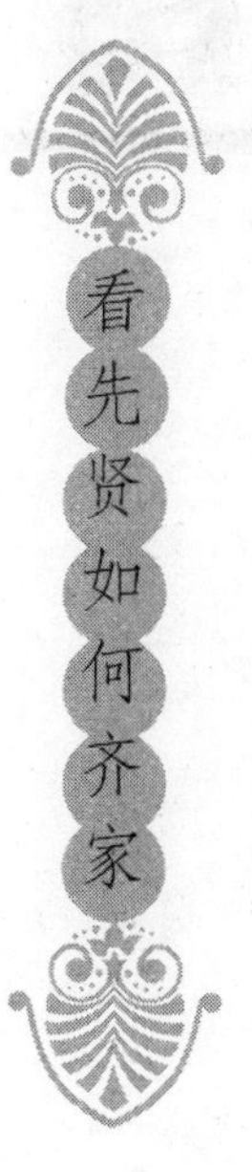

儿子国藩向父母亲大人跪请金安：

十月二十二日，已经收到了手谕，了解了事情的原委。郑小珊那里，小小的误会已经化解。

儿子以前对于自己的小过失，总是经常不自觉地会忽略。自从十月以来，儿子始终牢记要改过。即便是小错误也一定惩戒。详细情况，儿子都写在了给弟弟的书信里。

耳鸣的毛病最近好像略有好转。但是一旦用脑过度，耳鸣的疾病就会复发。现在每天除了各种应酬外，闲暇时间还不得不稍微用功。虽然很想休息，但实际情况根本不允许。父亲的手谕训示儿子要节劳，节欲，节饮食，我一定将父亲的训示时刻牢记在心。

往萧辛五先生那里寄信，不清楚到底可不可靠？龙翰臣父子，已在十一月初一日到达京城；布匹、线索，都已经照单全收，只是茶叶还在黄恕皆处。不过他已来信通知我，保证本月就可以到。儿媳妇和孙儿孙女都平安，其余的都详细写在了给弟弟的书信里。

谨此禀告。

道光二十二年正月二十六日

禀父母

劝弟勿自大

【原文】

男国藩跪禀父母亲大人万福金安：

六月二十三日，男发第七号信交折差，七月初一日发第八号交王仕四手，不知已收到否？六月二十日，接六弟五月十二书，七月十六接四弟九弟五月二十九日书。皆言忙迫之至，寥寥数语，字迹潦草，即县试案首前列，皆不写出。同乡有同日接信者，即考古老先生，皆已详载。同一折差也，各家发信，迟十余日而从容；诸弟发信，早十余日而忙迫，何也？且次次忙迫。无一次从容者。又何也？

男等在京，大小平安。同乡诸家皆好；惟汤海秋于七月八日得病，初九日未刻即逝。六月二十八考教习，冯树堂、郭筠仙、朱啸山皆取。湖南今年考差，仅何子贞得差，余皆未放，惟陈岱云光景最苦，男因去年之病，反以不放为乐。王仕四已善为遣回。率五大约在粮船回，现尚未定。渠身体平安，二妹不必挂心。叔父之病，男累求详信直告，至今未得，实不放心。甲三读《尔雅》，每日二十余字，颇肯率教。六弟今年正月信，欲从罗罗山处附课，男甚喜之，后来信绝不提及，不知何故？所付来京之文，殊不甚好，在省读书二年，不见长进，男心实忧之，而无论如何，只恨男不善教诲而已。大抵第一要除骄傲气习，中无所有，而夜郎自大，此最坏事。四弟九弟虽不长进，亦不自满，求大人教六弟，总期不自满足为要。

余俟续陈。

男谨禀。

道光二十四年七月二十日

【译文】

儿子国藩向父母亲大人跪请金安：

六月二十三日那天，儿子将写好的第七封家信交给了邮差。七月初一那天，儿子又将第八封信交给了王仕四手中，请他将信带回家中。不知这两封信家里是否已经收到？六月二十日那天，儿子接到了六弟五月十二日寄来的信。七月十六日那天，儿子又接到了四弟和九弟五月二十九日寄来的信。都说非常忙，寥寥几句话，字迹也比较潦草，即便是那县里考试的头名和前几名也未写出是谁！同乡中的考古老先生，和弟弟们是同一天接到的信，人家写得非常详细。同一信差送的信，别人的信晚寄十天却从容不迫；而各位弟弟寄信早发十天却很忙迫，这是为什么？而且每次都很忙迫，没有一次从容的，这又为什么？

儿子及家人在京城，大小家人一切都很安好。同乡各户人家也都无事，只是汤海秋在七月八日开始生病不起，初九日未刻便不幸逝世了。六月二十八日那天要考教习，冯树堂、郭筠仙、朱啸山等人都如愿考取了。湖南今年的考差中，只有何子贞得了差事，其余的都没有给。而且其中的陈岱云的日子最艰苦，而儿子因去年得病，今年反而不得外放为官，为此儿子心里是暗自高兴的。王仕四已经被妥善地遣送回去，率五大约乘粮船回去，现在还没有定。他们身体平安，二妹不必挂念。叔父的病，儿子多次请求详细据实告诉我，至今没有收到，实在是放心不下。甲三读《尔雅》，每天二十多字，还算是比较听话。六弟今年正月的信里说，想去罗罗山处

学习，儿子很高兴。然而后来的信就再也没提到过这件事，不知这是为什么？他随信寄来的文章，写得都不是很好。在省读书两年多了，丝毫没有看见任何进步，为此儿子心里很是忧虑，但又无可奈何，只恨儿子不懂得教诲罢了。大致地说，学习第一要去掉骄傲之气，肚肠里空空如也，自己反而又夜郎自大，这种行为最为坏事。四弟九弟他们，虽说也没见什么大的长进，但最起码他们不会自满，希望双亲大人能多给六弟一些教诲，总之希望六弟能虚心不自满。其他的等儿子以后再报。

儿子谨禀。

道光二十四年七月二十日

谕纪泽
论读书做人之道

【原文】

字谕纪泽儿：

余此次出门，略载日记，即将日记封每次家信中。闻林文忠家书，即系如此办法。尔在省仅至丁、左两家，余不轻出，足慰远怀。

读书之法，看、读、写、作，四者每日不可缺一。看者，如尔去年看《史记》、《汉书》、韩文、《近思录》，今年看《周易折中》之类是也。读者，如“四书”、《诗》、《书》、《易经》、《左传》诸经，《昭明文选》，李、杜、韩、苏之诗，韩、欧、曾、王之文，非高声朗诵则不能得其雄伟之概，非密咏恬吟则不能探其深远之韵。譬之富家居积，看书则在外贸易，获利三倍者也；读书则在家慎守，不轻花费者也。譬之兵家战争，看书则攻城争地，开拓土宇者也；读书则深沟坚垒，得地能守者也。看书与子夏之“日知所亡”相近；读书与“无忘所能”相近。二者不可偏废。至于写字，真行篆隶，尔颇好之，切不可间断一日。既要求好，又要求快。余生平因作字迟钝，吃亏不少。尔须力求敏捷，每日能作楷书一万则几矣。至于作诗文，亦宜在二三十岁立定规模；过三十后，则长进极难。作四书文、作试帖诗、作律赋、作古今体诗、作古文、作骈体文，数者不可不一一讲

求，一一试为之。少年不可怕丑，须有狂者进取之趣。此时不试为之，则后此弥不肯为矣。

至于做人之道，圣贤千言万语，大抵不外敬恕二字。“仲弓问仁”一章，言敬恕最为亲切。自此以外，如“立则见参于前也，在舆则见其倚于衡也”；“君子无众寡，无小大，无敢慢，斯为泰而不骄；正其衣冠，俨然人望而畏，斯为威而不猛”。是皆言敬之最好下手者。孔言欲立立人，欲达达人；孟言行有不得，反求诸己。以仁存心，以礼存心，有终身之忧，无一朝之患。是皆言恕之最好下手者。尔心境明白，于恕字或易著功，敬字则宜勉强行之。此立德之基，不可不谨。

科场在即，亦宜保养身体。余在外平安，不多及。涤生手谕。

咸丰八年七月二十一日

【译文】

给纪泽吾儿：

我在这次外出时，写了一些日记，并将日记附在了这之后的家信中。我听说林文忠公写家书的时候，也是采取的这种方法。你在省城，只去拜访了丁义方、左季高的家，其余的时间都不轻易出去，这足以让远方的我得到些许安慰。

若论读书有什么好的方法，每天都需默颂、朗读、写字、作文章，这四项每天都必不可少。所谓需要看的书，比如你去年看的《史记》、《汉书》、韩愈文章、《近思录》，今年看的《周易折中》之类便是。所谓需要读的书，比如有“四书”、《诗经》、《尚书》、《易经》、《左传》

等经书，《昭明文选》，李白、杜甫、韩愈、苏轼的诗，韩愈、欧阳修、曾巩、王安石的散文，假如不采取高声朗诵的方式读，便体会不到其中雄伟的气势，不懂得细咏静品，便体会不出其深远的韵味。好比那些富贵人家做生意一样，看书就等于是在对外贸易，读得越多，你就可能获取三倍的利润；朗读则好比是在家守财，不轻易花费钱财。这又好比是兵家打仗，看书则是攻城拔寨、开疆拓土，你读得越多，所获取的土地也就越多；朗读则好比就是防守，你深挖壕沟、加固堡垒，最起码所得之地可以坚守不失。看书，和子夏的“每天获得新的知识”的说法相近；朗读和“不要忘记已有的知识”的意思相近。两项中不可缺少任何一项。至于写字，楷书、行书、篆书、隶书，你都很喜欢，千万不能中断练习。既要追求写得好，又要追求写得快。我平常就因为写字慢，在这方面吃亏不少。所以你也必须努力追求快捷，如果每天能写一万字的楷书就非常不错了。至于创作诗文，那也应当在二三十岁时为创作文章打好基础。一般若是过了三十岁，就很难再有大的突破了。又或者作八股文，以及作科举考试的试帖诗、律赋、古体诗、近体诗、古文、骈体文，这些种类的学科，我们不得不去逐一研究学习、探求更深的学问。将他们逐个学习，逐个吃透。年轻人，不要担心在外人面前出丑，要有狂傲进取的志向。如果当时不去尝试，那以后就更不愿去做了。

至于做人的道理和方法，古代的圣者贤人说过千遍万遍了。总结起来不外乎归结为“敬恕”二字。《论语》中“仲弓问仁”一节，讲敬恕最为贴切。除此之外，例如“站立的时候，就看见‘忠诚老实忠厚严肃’几个字显现在眼前，在车上就如同看见它刻在车前的横木上”；“君子不论多与寡，不论强与弱，都不敢轻慢，这就是安泰而不骄纵；使衣帽整齐，表情庄重，别人看见就会产生敬畏感，这就是威武但不凶恶”。这些都是讲敬字时最容易做到的。孔子说自己想要站得住，便先要使别人站得住；自己要行事

方便，也要懂得先与人方便。孟子说行为如果没达到预期的效果就要反过来反省自己。心中装有仁义，心中装有礼仪，有终身的忧虑，无一时的祸患。这些都是讲恕字时最容易做到的。你心中明白，在恕字上或许容易显出成效，敬字则应当努力实行。这是建立德业的基础，不能不谨慎从事。

马上就要科举考试了，你应当注意保养自己的身体。我在外很平安，不多说了。涤生亲笔。（“涤生”为曾国藩的号）

咸丰八年七月二十一日

致九弟季弟
宜刚柔并济

【原文】

沅、季弟左右：

沅于人概天概之说，不甚厝意，而言及势利之天下，强凌弱之天下。此岂自今日始哉？盖从古以然矣。

从古帝王将相，无人不由自强自立做出；即为圣贤者，亦各有自立自强之道，故能独立不惧，确乎不拔。昔余往年在京，好与诸有大名大位者为仇，亦未始无挺然特立不畏强御之意。近来见得天地之道，刚柔互用，不可偏废，太柔则靡，太刚则折。刚非暴虐之谓也，强矫而已；柔非卑弱之谓也，谦退而已。趋事赴公，则当强矫，争名逐利，则当谦退；开创家业，则当强矫，守成安乐，则当谦退；出与人物应接，则当强矫，入与妻孥享受，则当谦退。若一面建功立业，外享大名，一面求田问舍，内图厚实，二者皆有盈满之象，全无谦退之意，则断不能久。此余所深信，而弟宜默默体验者也。

同治元年五月二十八日

【译文】

沅、季弟左右：

沅弟对于“人概天概”的这种说法，不是很关心在意，不过你说现在是权利的天下，弱肉强食的天下。我要反问一句，难道这种情况是从今天才有的吗？恐怕自古以来天下就是如此。

那些古代的帝王将相，哪一个人不是自立自强的。即便是那些大贤之士、圣人，也有着各自的自强之道。正因如此，他们才能够独立地应对各种危险而不惧怕，拥有坚韧不拔的品格。我往年在京城，喜欢与名声大、地位高的人作对，也未尝没有挺然自立、不畏强暴的意思。近来才悟出天地间的道理，原来就是刚柔并用，不可偏废其一。人太柔则会颓倒，太刚则易折断。所谓的刚直，不是暴戾的意思，而是光明磊落。柔，也不是卑微软弱的意思，而是谦虚婉转。办事情、赴公差，这些公事面前要表现得刚强有力；而名利面前，则要懂得谦和礼让。为家族开创基业时，要懂得刚强有力；守家自乐时，则要谦虚礼让。在外与别人应酬交际时，要让自己刚强有力；而在家与妻子享受时，则要学会要谦和礼让。如果一个人因建立功勋，在外面接受别人的盛誉，另一方面又在家里大量的购置房产良田，谋求私利，这两者都呈盈满之象，而没有谦退之意，是断不能长久的。至今我对这个道理一直是深信不疑，希望弟弟们以后也能体会到这样的深意。

同治元年五月二十八日

致九弟

毋恼毋怒

【原文】

沅弟左右：

十三日接弟初十日书，有云“肝病已深，痼疾已成，逢人辄怒，遇事辄忧”等语，读之不胜焦虑。今年以来，苏浙克城甚多，独金陵迟迟尚无把握，又饷项奇绌。不如意之事机、不入耳之言语，纷至迭乘。余尚愠郁成疾，况弟之劳苦过甚百倍阿兄，心血久亏数倍于阿兄乎？

余自春来，常恐弟发肝病，而弟信每含糊言之，此四句乃露实情。此病非药饵所能为力，必须将万事看空，毋恼毋怒，乃可渐渐减轻。蝮蛇螫手，则壮士断其手，所以全生也。吾兄弟欲全其生，亦当视恼怒如蝮蛇，去之不可不勇，至嘱至嘱。

余年来愧对老弟之事，惟拨去程学启一名将，有损于阿弟。然有损于家，有益于国，弟不必过郁，兄亦不必过悔。顷见少荃为程学启请恤一疏，立言公允，兹特寄弟一阅，请弟抄后寄还。李世忠事，十二日奏结，又饷绌情形一片抄阅，即为将来兄弟引退之张本。余病假于四月二十五日满期，余意再请续假，幕友皆劝销假，弟意以为如何？

淮北票盐、课厘两项，每岁共得八十万串，拟概供弟一军。此亦巨款，而弟尚嫌其无几，且愧对万忠，盖亦眼大口大之过。余于咸丰四、五、六、七、八、九等年，从无一年收过八十万者，再筹此等巨款，万不可得矣。

同治三年四月十三日

【译文】

沅弟左右：

十三日那天，我接到弟弟初十的书信，信中说你肝病已深，已成痼疾，不管见着谁都要发怒，每遇到任何事便会发愁。读了弟弟的信后，心里不胜焦虑。自今年以来，被叛贼占据的苏、浙两地的城池，已经收复了多座，只是那金陵城迟迟无法攻陷。这又赶上军饷供应不上，这些不如意的事，是一件接着一件纷至沓来。军营里的各种非议之声也是不绝于耳，我尚且都已愠郁成疾，更何况弟弟所承受的病痛的折磨，不知是我的几百倍，心血久亏也是我的数倍。

自打今年春天以来，我时常担心弟弟的肝病会旧病复发，而弟弟在给我写的书信里，每次都是含糊其辞，遮遮掩掩的。而这次你的四句话，则暴露出你真正的病情。弟弟的病不是药物能够医治的，必须将万事看空，毋恼毋怒，病自然就会渐渐减轻。“蝮蛇咬手，则壮士斩断其手”，这才能保全生命。我兄弟若要保全生命，应把恼怒当做蝮蛇看待，下决心勇敢地戒除恼怒，切记切记！

我一年来唯一觉得愧对弟弟的事情是调走程学启，有损于弟弟。虽然这样做给家里带来了很大的伤害，但是我却是做了一件有益于国家的事情。弟弟不必过于抑郁，为兄也不必太过后悔。刚看到少荃为程学启请求抚恤的疏折，立论十分公允，现特寄给你一阅，请弟抄后寄还。李世忠的事，十二日奏结。又将军饷匮乏的情形也抄了一份给你看，这就是将来我们兄弟引退的预先布置。我的病假将于四月二十五日到期，但是我打算再续假一段时间，不过我的那些幕友都劝我销假，不知你是什么意见？

淮北的票盐、课厘两项，每年共得八十万串军饷，我准备全都供给弟弟这一军使用。这已经是一笔巨款了，但弟弟还嫌少了些，真是愧对万忠啊，这都是因为你眼大口大的毛病。想当初我在咸丰四、五、六、七、八、九那几年，从来都没有说一年收上来八十万串军饷的，我若想再筹集八十万军饷，简直比登天还难。

同治三年四月十三日

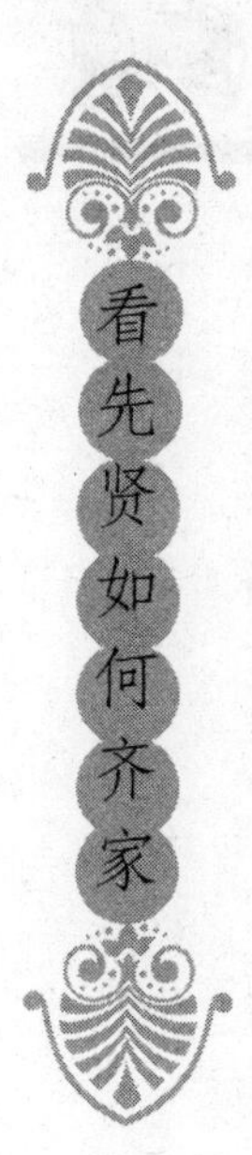

致四弟

述养身有五事

【原文】

澄弟左右：

吾兄弟体气，皆不甚健；后辈子侄，尤多虚弱。宜于平日讲求养身之法，不可于临时乱投药剂。养身之法有五事：一曰眠食有恒，二曰惩忿，三曰节欲，四曰每夜临睡洗脚，五曰每日两饭后各行三千步。惩忿，即余匾中所谓"养生以少恼怒为本"也。眠食有恒及洗脚二事，星冈公行之四十年，余亦学行七年矣。饭后三千步近日试行，自矢永不间断。弟从前劳苦太久，年近五十，愿将此五事立志行之，并劝沅弟与诸子侄行之。

余与沅弟同时封爵开府，门庭可谓极盛，然非可常恃之道。记得己亥正月，星冈公训竹亭曰："宽一虽点翰林，我家仍靠作田为业，不可靠他吃饭。"此语最有道理，今亦当守此二语为命脉。望吾弟专在作田上用功，而辅之以"书蔬鱼猪早扫考宝"八字，任凭家中如何贵盛，切莫全改道光初年之规模。

凡家道所以可久者，不恃一时之官爵，而恃长远之家规；不恃一二人之骤发，而恃大众之维持。我若有福，罢官回家，当与弟竭力维持。老亲旧眷，贫贱族党，不可怠慢。待贫者亦与富者一般，当盛时预作衰时之想，自有深固之基矣。

同治五年六月初五日

【译文】

澄弟左右：

咱们兄弟的身体从小都不是很好，后辈子侄的身体尤其虚弱。我们应在平日讲求养生之法，不可随意吃药进补。养身的方法，要注意五个方面：一是每天的睡眠饮食要有规律；二是得学会制怒；三是克制自己的欲望；四是每晚睡觉前都要洗脚；五是两餐饭后各走三千步。制怒就是我写的匾中说的“养生以少恼怒为本”。睡眠饮食有规律及洗脚二事，星冈公已经坚持四十年，我也学了七年。饭后三千步近日才开始试行，从此我要永不间断。弟弟从前公务太劳苦，现在也年近五十了，希望你也能坚持这五种养生的方法，并劝沅弟和子侄们也效法实行。

我与沅弟几乎是同时封爵开府当督抚，家里的门庭可说是盛极一时。然而，这并不是可以长期倚仗的。记得己亥正月那会，星冈公训竹亭公说：“宽一虽被点了翰林，但我家里仍然还靠种田为生，不可靠其他谋生。”我觉得这话说得很有道理，现在也应当以这句话作为持家的宗旨。希望弟弟你能在种田上用功，另外闲暇之余还可以书、蔬、鱼、猪、早、扫、考、宝八个字丰富自己的生活。而且不管家里是如何富贵兴盛，切不要改变道光初年的规模。

凡是家业可以长久地兴盛下去的人家，并不是依靠一时的官爵，而是靠着长远的家规。他们不依靠家里某一两个人的发迹，而是靠着平常大家的积累。如果某一天我干不动了，我辞官回家，就应与弟弟们一同将咱们的家族维持好。不管是老亲老友，还是贫贱族人，都不可怠慢人家。对待穷人要和对待富人是一个样子。在富有时，要想到贫穷的艰苦，这样我的家族根基才会牢固。

同治五年六月初五

致九弟

宜自修求强

【原文】

沅弟左右：

接弟信，俱悉一切。弟谓命运作主，余素所深信，谓自强者每胜一筹，则余不甚深信。凡国之强，必须多得贤臣工；家之强，必须多出贤子弟。此亦关乎天命，不尽由于人谋。至一身之强，则不外乎北宫黝、孟施舍、曾子三种，孟子之集义而慊，即曾子之自反而缩也。惟曾、孟与孔子告仲由之强，略为可久可常；此外斗智斗力之强，则有因强而大兴，亦有因强而大败。古来如李斯、曹操、董卓、杨素，其智力皆横绝一世，而其祸败亦迥异寻常；近世如陆、何、肃、陈，皆予知自雄，而俱不保其终。故吾辈在自修处求强则可，在胜人处求强则不可。若专在胜人处求强，其能强到底与否尚未可知，即使终身强横安稳，亦君子所不屑道也。

贼匪此次东窜，东军小胜二次，大胜一次，刘、潘大胜一次，小胜数次，似已大受惩创，不似上半年之猖獗。但求不窜陕、洛，即窜鄂境，或可收夹击之效。

余定于明日请续假一月，十月请开各缺，仍留军营，刻一木戳，会办中路剿匪事宜而已。

同治五年九月十二日

【译文】

沅弟左右：

弟弟的信我已经收到，信中的内容我已知晓。弟弟说一切都是命运的安排，这一点我还是比较赞同的。但是弟弟说自强的人，总是能棋高一着，这一点我不太赞同。但凡是一个国家的强盛，必须有许许多多的贤臣的共同辅佐；但凡一个家庭的强盛，必定是许许多多贤能的后代子孙的共同努力。这些更多的是来自于天命，并非是人谋所能控制的。至于一个人的强盛，不外乎北宫黝的勇敢、孟施舍的仁厚、曾子的义理三种。孟子把仁义集于一身而又不满足，就是曾子的反躬自问。只有曾子、孟子和孔子所告诉仲由的这三种自强的方式，才略微可以长久。此外，斗勇斗智的强，有的因此大兴盛，也有的因此大失败。古来如李斯、曹操、董卓、杨素，他们的智力都独秀于一世，他们的祸败也非同寻常。近世如陆建瀛、何桂清、肃顺、陈孚恩，这些人都智谋超群，但最后都得不到善终。所以我们在自我修养时，求强是可以的，在与人争胜负时求强恐怕就有些不妥了。如果专门在比胜负的方面追求强弱，那这样的强者，总有一天会被更强的人所超越。即便这一生都无人超越，这种强者也是君子们所不屑一顾的。

贼军这次想要东窜，东军在此次战斗中，胜了一场大仗，还有两个小胜仗。刘、潘大胜一次，小胜几次，敌军经过这次的袭击，似乎已受到了重创，最近不像上半年那样猖獗了。只希望敌军不窜入陕、洛，最好是窜入鄂境，那我们就可以对他们实行夹击。

我计划明日再续假一个月，十月准备请求辞去其他各项职衔，仍然想留在军中，再刻一块方印，专心督战剿匪事宜。

同治五年九月十二日

致九弟

时刻悔悟大有进益

【原文】

沅弟左右：

鄂署五福堂有回禄之灾，幸人口无恙，上房无恙，受惊已不小矣。其屋系板壁纸糊，本易招火。凡遇此等事，只可说打杂人役失火，固不可疑会匪之毒谋，尤不可怪仇家之奸细。若大惊小怪，胡想乱猜，生出多少枝叶，仇家转得传播以为快。惟有处处泰然，行所无事，申甫所谓而“好汉打脱牙和血吞”，星冈公所谓“有福之人善退财”，真处逆境者之良法也。

弟求兄随时训示申儆，兄自问近年得力惟有一悔字诀。兄昔年自负本领甚大，可屈可伸，可行可藏，又每见得人家不是。自从丁巳、戊午大悔大悟之后，乃知自己全无本领，凡事都见得人家有几分是处，故自戊午至今九载，与四十岁以前迥不相同。大约以能立能达为体，以不怨不尤为用。立者，发奋自强，站得住也；达者，办事圆融，行得通也。

吾九年以来，痛戒无恒之弊，看书写字，从未间断，选将练兵，亦常留心，此皆自强能立工夫。奏疏公牍，再三斟酌，无一过当之语自夸之词，此皆圆融能达工夫。至于怨天本有所不敢，尤人则常不能免，亦皆随时强制而克去之。

弟若欲自儆惕，似可学阿兄丁戊二年之悔，然后痛下针砭，必有大进。立达二字，吾于己未年曾写于弟之手卷中，弟亦刻刻思自立自强，但于能达处尚欠体验，于不怨尤处尚难强制。吾信中言皆随时指点，劝弟强制也。赵广汉本汉之贤臣，因星变而劾魏相，后乃身当其灾，可为殷鉴。默存一悔字，无事不可挽回也。

同治六年正月初二日

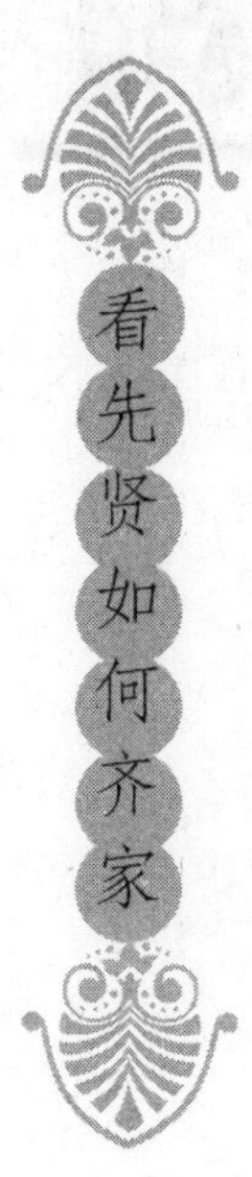

【译文】

沅弟左右：

鄂督署的五福堂最近发生了火灾。幸亏在火灾发生时没有人员伤亡，而且上房也没什么大碍，只是受了一些大的惊吓。那里的房子都是木板墙壁，墙上还到处都糊有纸，这样的房子本来就是很容易着火的。但凡碰上这样的情况，只可说是下手不小心走的火。不要去怀疑是贼军放火，更不要去怀疑是仇家放的火。如果在这种事上疑神疑鬼、大惊小怪的，那么这种事就会搞得满城风雨，添油加醋地传播开来。只有处处泰然处之，行若无事，像申甫说的那样，好汉打掉了牙往自己肚子里咽，星冈公又说过，有福的人都是善于舍财的人，这真的是处于逆境的人安身立命的好方法啊。

弟弟以前说让哥哥经常给你一些训示，这些年来哥哥悟出了一套“悔字诀”。以前的自己很自负，以为自己的本事大得不得了，可屈可伸，可行可藏，总是看到别人的不是。自从丁巳、戊午大悔大悟之后，才知道自己其实并没有什么本领，凡事都能看到别人的长处了。所以自戊午到现在这九年间，与四十岁以前的我几乎是判若两人。大概说来以能立能达为体，以不怨不尤为用。立，是发奋自强，站得住之意。达，是办事周到，行得通之意。

最近这九年来，我痛下决心，改掉了缺乏恒心这个大毛病，无论是看书写字，每天从不间断，即便是选将练兵，我也变得十分留心，这都是自

强自立的成果。奏疏公牍，再三斟酌，没有一句不恰当的话，也没有一个自夸、自满的用辞，这也就是圆融能达的工夫。至于说到怨天，我本来以前就不敢的；不过说到尤人，有时候还是避免不了的，不过我也会随时提醒自己尽量克服。

弟弟如果想常葆自警之心，不妨可以学为兄丁戊二年的悔悟，然后痛下决心改正，一定能有大大的进步。立达二字，我在己未年曾经写在弟弟的手卷上，弟弟也能时刻想到自立自强，但对于“能达”二字还缺乏体验，对于不怨天尤人，还难以克制。我在信中随时指点，劝弟弟对自己要多有一些克制。赵广汉本来是汉的贤臣，因星变而弹劾魏相，后来身受其灾，可以作为殷鉴。时时做到反省自己的行为，这世上没有什么错误是弥补不了的。

同治六年正月初二日

致九弟

逆来顺受

【原文】

沅弟左右：

接李少帅信，知春霆因弟复奏之片言省三系与任逆接仗，霆军系与赖逆交锋，大为不平，自奏伤疾举发，请开缺调理。又以书告少帅，谓弟自占地步，弟当此百端拂逆之时，又添此至交龃龉之事，想心绪益觉难堪。然事已如此，亦只有逆来顺受之法，仍不外悔字诀、硬字诀而已。

朱子尝言："悔字如春，万物蕴蓄初发；吉字如夏，万物茂盛已极；吝字如秋，万物如落；凶字如冬，万物枯凋。"又尝以元字配春，亨字配夏，利字配秋，贞字配冬，兄意贞字即硬字诀也。弟当此艰危之际，若能以硬字法冬藏之德，以悔字启春生之机，庶几可挽回一二乎？

闻左帅近日亦极谦慎，在汉口气象何如？弟曾闻其略否？申夫阅历极深，若遇危难之际，与之深谈，渠尚能于恶风骇浪之中默识把舵之道，在司道中不可多得也。

同治六年三月初二日

【译文】

沅弟左右：

已接到李少帅的书信，知道春霆因弟弟在奏章里说省三是和任逆打仗，霆军是与赖逆交锋，内心甚难平静，导致旧伤复发，随即告假回家调理。又写信向少帅诉说，我弟弟行事霸道。我弟弟现在处于百事不顺的时期，赶巧有朋友之间又生矛盾，想来你的心情也不会怎么好受。但是既然事已至此，我们所有人都只能逆来顺受了。无论什么事，都只不过在提醒自己念一遍悔字诀、硬字诀罢了。

朱熹曾说过：“悔字如春天，万物蕴藏积蓄的生机开始生发；吉字如夏天，万物繁盛已极；吝字如秋天，万物开始败落；凶字如冬天，万物开始凋谢。”又曾用元字代表春天，亨字代表夏天，利字代表秋天，贞字代表冬天。哥哥以为，这个“贞”字其实就是硬字诀。弟弟处在艰难时刻，如果可以效仿“贞”字，以硬字诀表现冬天收藏的博大胸怀，再以“悔”字诀迎接春天的朝气，也许可以让事情向好的方面发展吧！

近来听说左帅也很谦慎，不知他在汉口的情形如何？弟弟知道大致的情况吗？他的阅历经验丰富，如果弟弟遇到什么危险，可及时和他沟通，他是那种能在大风大浪中，为船只掌舵的能人，是官场中不可多得的人才。

同治六年三月初二日

曾国藩家书

——看先贤如何齐家

治家篇

禀父母

述家和万事兴

【原文】

男国藩跪禀父母亲大人万福金安：

正月八日恭庆祖父母双寿，男去腊作寿屏二架。今年同乡送寿对者五人。拜寿来客四十人，早面四席，晚酒三席。未吃晚酒者，于十六日、廿日补请二席。又请人画了椿萱重荫图，观者无不叹羡。

男身体如常。新年应酬太繁，几至日不暇给。媳妇及孙儿女俱平安。

正月十五接到四弟、六弟信。四弟欲偕季弟从汪觉庵师游，六弟欲偕九弟至省城读书。男思大人家事日烦，必不能常在家塾照管诸弟；且四弟天分平常，断不可一日无师，讲书改诗文，断不可一课耽阁。伏望堂上大人俯从男等之请，即命四弟、季弟从觉庵师。其束脩银，男于八月付回，两弟自必加倍发奋矣。

六弟实不羁之才，乡间孤陋寡闻，断不足以启其见识而坚其心志。且步年英锐之气不可久挫，六弟不得入学，即挫之矣；欲进京而男阻之，再挫之矣；若又不许肄业省城，则毋乃太挫其锐气乎？伏望堂上大人俯从男等之请，即命六弟九弟下省读书，其费用，男于二月间付银廿两至金竺虔家。

夫家和则福自生，若一家之中兄有言，弟无不从，常有请，兄无不应，和气蒸蒸而家不兴者，未之有也。反是而不败者，亦未之有也。伏望大人察男之志！即此敬禀叔父大人，恕不另具。六弟将来必为叔父克家之子，即为吾族光大门第，可喜也！谨述一二，余续禀。

道光二十三年正月十六日

【译文】

儿子国藩给父母亲大人跪请金安：

正月八日是祖父母的寿辰，恭庆祖父母万寿无疆，儿子去年腊月特意做了寿屏二架用以祝寿。今年同乡送寿对者共有五人，拜寿来的客人有四十人，早面四席，晚酒三席。未吃晚酒者，于十六日、二十日补请二席。又请人画了椿萱重荫图，欣赏的人无不赞叹羡慕的！

儿子的身体一切安好，新年应酬自然多了些，这一段时间一直都没有闲暇的时间。媳妇及孙儿女们也都很好。

正月十五那天，接到了四弟、六弟的书信，四弟准备与季弟一起上汪觉庵老师那听课，六弟和九弟准备到省城念书。儿子想着父亲在家也是日夜操劳，肯定也是没工夫时常在家塾管教诸位兄弟。况且四弟的天分本来就一般，万不可一日无师，讲解课文，修改诗文，断不可耽搁一刻。所以恳请父亲大人能应允儿子们的请求，让四弟、季弟上觉庵老师那里学习。至于学费的事，儿子八月份就寄回家里，想必两位弟弟为此会更加努力学习。

六弟向来自由惯了，乡里的条件又差、见识又少，在这样的环境里，对于他的学习和思想启蒙是不利的，也无法坚定他的奋斗目标。更何况年轻人的锐气，经受不住长久的挫折。他不能进学校，这本身就是一次挫折。后来又想着进京，但是被儿子所阻拦，这其实又是一次挫折。倘若这回还要阻止他上省城读书，那岂不是大大挫败他的锐气了吗？希望父母大人能答应儿子们的请求，允许六弟、九弟上省城读书，至于他俩的学费，儿子

会在两个月内，将二十两银子送达金竺虔家里。

家庭内部倘若和睦，家里的福气自然就会有的。一家中哥哥的话，弟弟们都能听从；对于弟弟们的要求，做哥哥的也能尽量去满足，这样家庭和睦却家业不盛的，是从来都没有的。反过来而家境不败落的，也是从来没有的。还望父母能体谅儿子的一番良苦用心！在这里我也一同敬禀叔父大人，请父亲恕我不另行禀告了。我看六弟将来一定是能继承六叔家事和祖业的人选，他也是能为我们全族争光的人，这真的很值得期待和庆贺。谨向父母亲大人禀告这些，其余的日后再禀。

道光二十三年正月十六日

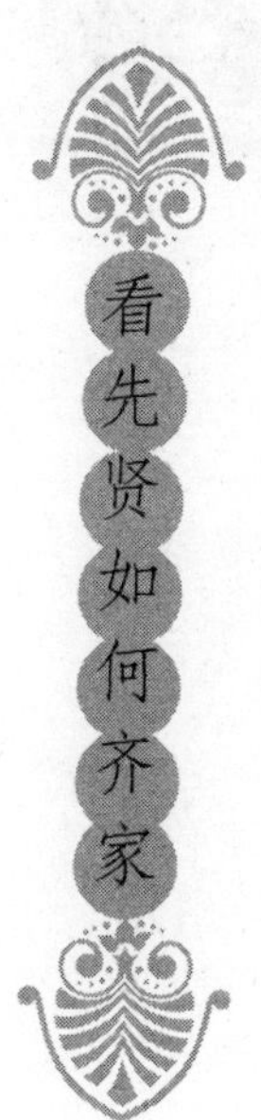

禀父母

兄弟和睦为第一

【原文】

男国藩跪禀：

父母亲大人万福金安：正月十七日男发第一号家信，内呈堂上信三页，复诸弟信九页，教四弟与厚二从汪觉庵师，六弟九弟到省从丁秩臣，谅已收到。二月十六日接到家信第一号，系新正月初三交彭山屺者，敬悉一切。去年十二月十一祖父大人忽患肠风，赖神灵默佑，得以速痊，然游子闻之尚觉心悸。六弟生女，自是大喜。初八日恭逢寿筵，男不克在家庆祝，心犹依依。

诸弟在家不听教训，不甚发奋。男观诸弟来信，即已知之。盖诸弟之意，总不愿在家塾读书。自己亥年男在家时，诸弟即有此意，牢不可破。六弟欲从男进京，男因散馆去留未定，故比时未许。

庚子年接家眷，即请弟等送，意欲弟等来京读书也。特以祖父母、父母在上，男不敢专擅，故但写诸弟，而不指定何人。迨九弟来京，其意颇遂，而四弟、六弟之意尚未遂也。年年株守家园，时有耽搁；大人又不能常在家教之；近地又无良友，考试又不利。兼此数者，怫郁难申，故四弟、六弟不免怨男。

其可以怨男者有故。丁酉在家，教弟威克厥爱，可怨一矣；己亥在家，未尝教弟一字，可怨二矣；临进京不肯带六弟，可怨三矣；不为弟另择外傅，

仅延丹阁叔教之，拂厥本意，可怨四矣；明知两弟不愿家居，而屡次信回，劝弟寂守家塾，可怨五矣。唯男有可怨者五端，故四弟、六弟难免内怀隐衷。前次含意不申，故从不写信与男，去腊来信甚长，则尽情吐露矣。

男接信时又喜又惧。喜者，喜弟志气勃勃不可遏也；惧者，惧男再拂弟意，将伤和气矣。兄弟和，虽穷氓小户必兴；兄弟不和，虽世家宦族必败。男深知此理，故禀堂上各位大人俯从男等兄弟之情。

男之意实以和睦兄弟为第一。九弟前年欲归，男百般苦留，至去年则不复强留，亦恐拂弟意也。临别时，彼此恋恋，情深似海。故男自九弟去后，思之尤切，信之尤深。谓九弟纵不为科目中人，亦当为孝悌中人。兄弟人人如此，可以终身互相依倚，则虽不得禄位，亦何伤哉！

恐堂上大人接到男正月信，必且惊而怪之，谓两弟到衡阳、两弟到省，何其不知艰苦，擅自专命。殊不知男为兄弟和好起见，故复缕陈一切；并恐大人未见四弟、六弟来信，故封还附呈。总愿堂上六位大人，俯从男等三人之请而已。

伏读手谕，谓男教弟宜明言责之，不宜琐琐告以阅历工夫。男自忆连年教弟之信不下数万字，或明责，或婉劝，或博称，或约指，知无不言，总之尽心竭力而已。男妇孙男女身体皆平安，伏乞放心，男谨禀。

道光二十三年二月十九日

【译文】

儿子国藩向父母亲大人跪请金安：

正月十七日那天，我写了第一封家信寄回家中，其中信的前三页是写给两位高堂看的，而后面的九页是回复各位弟弟的，主要说的是让四弟与厚二跟随汪觉庵老师学习，而六弟九弟去省城拜师于丁秩臣门下，想必家

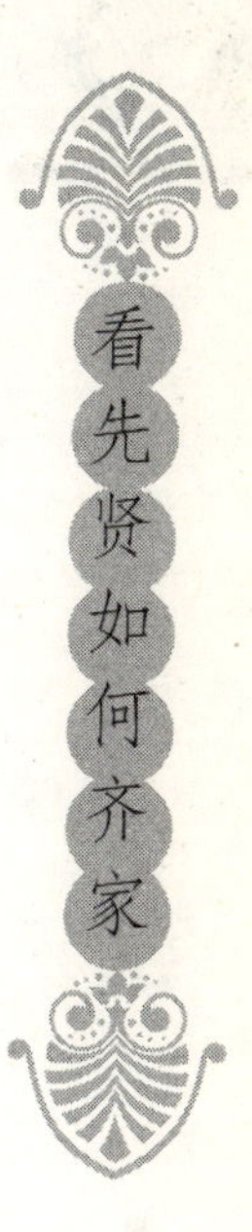

里应该收到信了吧。二月十六日，儿子接到了家里的第一封信，是新年正月初三交彭山屺的那封，信的内容儿子已经了解。去年十二月十一日，祖父大人忽然患肠风，还好有神灵的保佑，很快就痊愈了。但作为在外的游子，我听了还是感到心有余悸。听说六弟家又添了一个女孩，这可真是可喜可贺啊。初八的寿宴，可惜我不能在家里参加宴席了，心里总是感觉惦念得很。

几个兄弟在家里，不听家里老人的管教，也不知道好好学习，儿子看到诸位弟弟的来信，便已知道。弟弟们成天闹嚷着不想在家里的私塾里读书，这个想法己亥年我在家里的时候就已经有了，而且那时他们这样的想法还非常的坚决。当时六弟想着能跟我进京，我觉得在庶常馆学习的事情还没有定下来，所以我就没有答应六弟的要求。

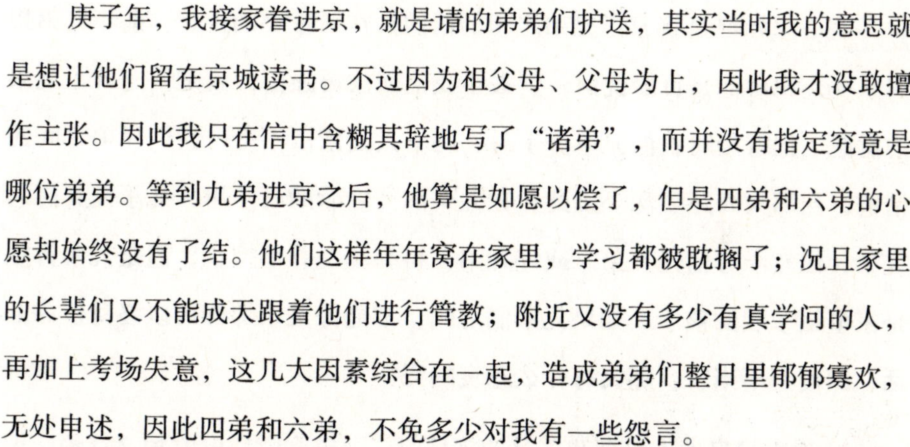

庚子年，我接家眷进京，就是请的弟弟们护送，其实当时我的意思就是想让他们留在京城读书。不过因为祖父母、父母为上，因此我才没敢擅作主张。因此我只在信中含糊其辞地写了“诸弟”，而并没有指定究竟是哪位弟弟。等到九弟进京之后，他算是如愿以偿了，但是四弟和六弟的心愿却始终没有了结。他们这样年年窝在家里，学习都被耽搁了；况且家里的长辈们又不能成天跟着他们进行管教；附近又没有多少有真学问的人，再加上考场失意，这几大因素综合在一起，造成弟弟们整日里郁郁寡欢，无处申述，因此四弟和六弟，不免多少对我有一些怨言。

他们埋怨我其实也是情有可原的。丁酉年我在家的时候，对他们的管教过于严厉了些，而对他们的疼爱少了些，这是他们可埋怨我的第一个原因；己亥年我在家时，也没有教过弟弟们识一个字，这是可埋怨的第二个原因；我来京城时，没能带六弟进京，这是可埋怨我的第三个原因；不为弟弟另外选择外面的老师，仅仅请了丹阁叔教他们，违背了他们本来的意

愿，这是可埋怨我的第四个原因；明明知道两个弟弟不愿在家而屡次回信，劝他们在家读家塾，这是可埋怨的第五个原因。正因为有这五个可埋怨的原因，所以四弟、六弟难免心里藏着隐衷。以前一直闷在肚子里没有申述的机会，所以他们从来都没有给我写信，去年腊月写了一封长信给我，直到那时才把他们肚子里的苦衷全吐出来。

儿子接到家里的来信时，心里是既高兴又不免有些担心。高兴的是弟弟们生机勃勃，斗志昂扬，势不可挡。可担心的是，若儿子再次拒绝弟弟们的要求，不免会伤了我们兄弟间的情谊。只要兄弟间和睦相处，即便就是小门小户，将来也一定会兴旺发达。反之如果兄弟不合，就算是位高权重的官宦人家，迟早也会败落。儿子深深懂得这个道理，所以禀告家里的长辈们，这次能体察我们兄弟间的情谊，遂了各位弟弟的心愿。

我心里始终是将家里兄弟之间的情谊摆在最重要的位置。前年九弟想回家乡，我对他是百般挽留，到去年我也就没再强留，就是怕违背了九弟的意愿。记得当时我们兄弟分手时，两个人是依依不舍。我们兄弟之间的情谊，比那大海还要深。因此，在九弟离开之后的日子里，儿子尤其想念九弟，依然十分信任九弟。或许九弟在科举场上并不擅长，但是九弟肯定是家里最孝顺的孩子。如果兄弟们之间，都能像九弟那样可以终身依靠的话，即便是不当官，那又有什么悲哀的呢？

或许当父母大人接到我正月的来信时，一定会觉得既吃惊又气愤，埋怨我“把两个弟弟送到衡阳、两个弟弟送到省城去读书是那么容易的吗？你怎么能擅自做主呢”？可您二老不知，我这也是为了兄弟之间能和睦相处才这么做的。而且又恐怕两位弟弟的信还没寄到家中，所以儿子将他们给我写的信一并封存寄给二老。希望堂上六位大人能答应您的三位儿子的请求。

恭读着二老的教诲，二老告诉儿子教育弟弟，应该明言责之为好，不应给他们讲一大堆让人厌烦的经验之谈。这么多年来，儿子教诲弟弟们的书信，加在一起已不下几万字，或者直接指出，或者委婉规劝，或者以古人的大道理开导他们，或者从小的方面给他们指明方向。那真是知无不言，言无不尽，总之是竭心尽力了。媳妇和孙子女们一切都很好，家里不必挂念。儿子谨禀。

道光二十三年二月十九日

致诸弟
要清白做人

【原文】

澄侯、子植、季洪三弟左右：

澄侯在广东，前后共发信七封；至郴州、耒阳，又发二信，三月十一到家以后，又发二信，皆已收到。植、洪二弟，今年所发三信，亦均收到。

澄弟在广东处置一切，甚有道理。退念园、庄生各处程仪，尤为可取。其办朱家事，亦为谋甚忠，虽无济于事，而朱家必可无怨。《论语》曰："言忠信，行笃敬，虽蛮貊之邦行矣。"吾弟出外，一切如此，吾何虑哉？

贺八爷、冯树堂、梁俪裳三处，吾当写信去谢，澄弟亦宜各寄一书，即易念园处，渠既送有程仪，弟虽未受，亦当写一谢信寄去；其信即交易宅，由渠家书汇封可也。若易宅不便，即托岱云觅寄。

季洪考试不利，区区得失，无足介怀。补发之案有名，不去复试，甚为得体。今年院试，若能得意，固为大幸；即使不遂获售，去年家中既售一个，则今岁小挫，亦盈虚自然之理，不必抑郁，植弟书法甚佳，然向例未经过岁考者，不合选拔。弟若去考拔，则同人必指而目之，及其不得，人不以为不合例而失，且以为写作不佳而黜，吾明知其不合例，何必受人一番指目乎？

弟书问我去考与否？吾意以科考正场为断，若正场能取一等补廪，则考拔之时，已是廪生入场矣。若不能补廪，则附生考拔，殊可不必，徒招人妒忌也。

曹西垣教习服满，引见以知县用，七月动身还家；母亲及叔父之衣，并阿胶等项，均托西垣带回。

去年内赐衣料袍褂，皆可裁三件；后因我进闱考教习，家中叫裁缝做，裁之不得法，又窃去整料，遂仅裁祖父、父亲两套。本思另办好料为母亲制衣寄回，因母亲尚在制中，故未遽寄。

叔父去年四十晋一，本思制衣寄祝，因在制未遽寄也。兹托西垣带回，大约九月可到家，腊月服阕，即可着矣。

纪梁读书，每日百余字，与泽儿正是一样，只要有恒，不必贪多。澄弟亦须常看《五种遗规》及《呻吟语》，洗尽浮华，朴实谙练，上承祖父，下型子弟，吾于澄弟实有厚望焉！兄国藩手草。

道光二十八年五月初十日

【译文】

澄侯、子植、季洪三弟左右：

澄侯在广东，先后给我发了有七封信，等他到了郴州、耒阳，其间又给我写了两封信，随后在三月十一日到家之后，又给我发过两封信，全部的书信我都已收到。子植、季洪两位弟弟，今年共给我发的有三封信，我也已都收到了。

澄弟在广东所处理的那些事务，非常合理得当，值得肯定。尤其是处理念园、庄生各处赠送的礼物那件事，做得是尤为出色。而对于朱家事务的处理，也表现出了很大的诚意，即使最后未能解决，朱家也断不会有什么怨言。《论语》有云："说话只要忠实，行为举止庄重严肃，即便是在野蛮人横行的地方，也依然是畅通无阻。"如果弟弟在外办事，件件都能

办得如此体面得当，那我这个做大哥的，还有什么可担心的呢?

对于贺八爷、冯树堂、梁俪裳三户人家，我会亲自写信向他们道谢，而澄弟自己也应该各寄一封信过去。至于易念园处，虽然弟弟并未接受他们赠送的路费，但是出于礼貌，也应该给人家写一封感谢信。信可直接寄到易家住宅，与他的家书一起封寄。如果易家住宅收信不方便的话，可以找岱云想办法寄。

季洪这次考试没能考好，这种小挫折不必过于放在心上。补发的名单有他，但不去复试，这也很合时宜。今年院试的时候，如果考得好自然是件让家人高兴的事，万一没考好也没关系。起码去年咱家已经有一人考上了，那么今年有点小挫折，也是有盈有亏的自然道理，所以家人也不必为此感到郁闷。植弟的书法还是很出色的，但是按照往年的惯例，没参加年考的，就没有选拔的资格。弟弟如果去考，那么必然会受他人的指点和注意。假如真的考不上的话，人家不会说是因为不合惯例未被录取，而是因写字作文不好而落榜，既然咱自己知道不合惯例，为何还要去受人口舌呢?

弟弟在信里问我要不要去参加应考，我认为这应该视科考的情况而定：假如正场能够考取一等增补廪生，那么考试的时候，就能以廪生资格入场；如果不能增补廪生，那么以附生资格入场，这样的情况就没必要让他发生，不要故意招致他人的妒忌才是。

曹西垣教习服务期满，推荐之后现在做到了知县。他准备在七月份的时候启程回家。母亲和叔父的衣服、阿胶等物品，都托由他捎带回家。

去年赏赐的衣料和袍褂，全都可以裁成三件。后来因我进闱考做教习，家里请了个生手的裁缝，结果把布料给做坏了，还偷了一块衣料，整块衣料只裁得祖父、父亲两套衣服。本想另买衣料为母亲做套衣服寄回，后来一想母亲尚在守制，所以就没有寄。

去年叔父四十一岁寿辰时，本打算做身衣服作为寿礼寄回，却因在守制没有寄成。现托西垣和家里的衣服一并带回，大概九月份能到家，腊月守制期满，新衣服就能穿了。

纪梁最近读书，每天就读百余字，与泽儿大致相同，只要有恒心能专心地写，字数无需贪多。澄弟也需要常看《五种遗规》和《呻吟语》这两本书，看这些能洗尽浮华，让自己形成朴实干练的做事风格。这样的话，上可继承家族遗风，下可为后代子孙做典范，我对澄弟的期望还是相当高的！兄国藩手草。

道光二十八年五月初十日

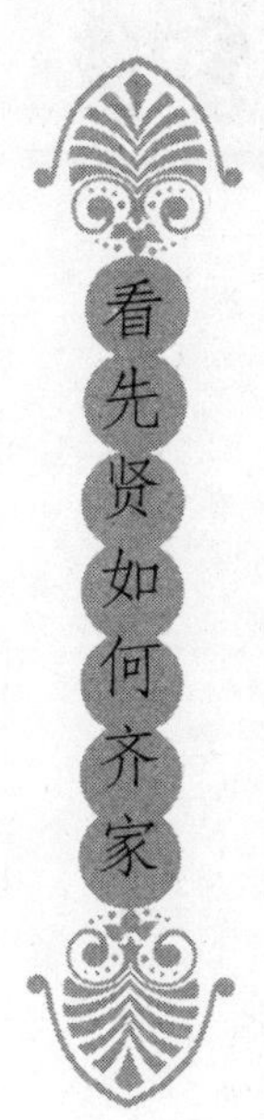

致四弟

教子弟牢记祖训八字

【原文】

澄侯四弟左右：

上次送家信者，三十五日即到，此次专人，四十日未到，盖因乐平、饶州一带有贼，恐中途绕道也。

自十二日克复休宁后，左军分出八营在于甲路地方小挫，退扎景镇。贼幸未跟踪追犯，左公得以整顿数日，锐气尚未大减。目下左军进剿乐平、鄱阳之贼，鲍公一军，因抚、建吃紧，本调渠赴江西省，先顾根本，次援抚、建。因近日鄱阳有警，景镇可危，又暂留鲍军不遽赴省。胡宫保恐狗逆由黄州下犯安庆沅弟之军，又调鲍军救援北岸，其祁门附近各岭，二十三日又被贼破两处。

数月以来，实属应接不暇，危险迭见，而洋人又纵横出入于安庆、湖口、湖北、江西等处，并有欲来祁门之说，看此光景，今年殆万难支持。然余自咸丰三年冬以来，久已以身许国，愿死疆场，不愿死牖下，本其素志。近年在军办事，尽心竭力，毫无愧怍，死即瞑目，毫无悔憾。

家中兄弟子侄，惟当记祖父之八个字，曰："考、宝、早、扫、书、蔬、鱼、猪。"又谨记祖父之三不信，曰："不信地师，不信医药，不信僧巫。"余日记册中，又有八本之说，曰："读书以训诂为本，作诗文以声调为本，事亲以得欢心为本，养身以戒恼怒为本，立身以不妄语为本，居家以不晏起为本，做官以不要钱为本，行军以不扰民为本。”

此八本者，皆余阅历而确有把握之论，弟亦当教诸子侄谨记之。无论世之治乱，家之贫富，但能守星冈公之八字，与余之八本，总不失为上等人家。余每次写家信，必谆谆嘱咐，盖因军事危急，故预告一切也。

余身体平安。营中虽欠饷四月，而军心不甚涣散，或尚能支持，亦未可知。家中不必悬念。

咸丰十一年二月二十四日

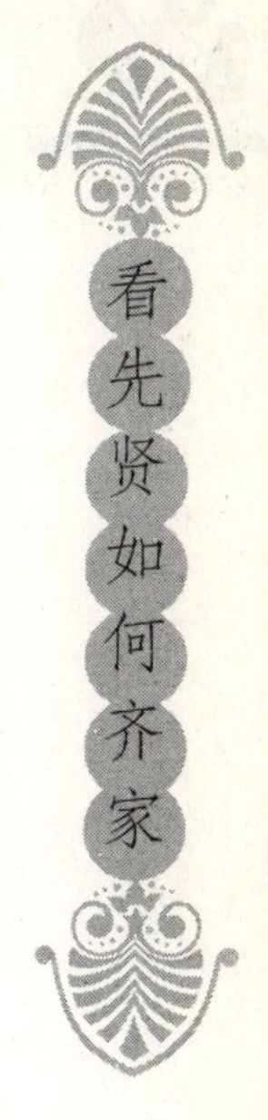

【译文】

澄侯四弟左右：

上次送家信的人，短短三十五天就将信送达家中。这次的信有专人专送，却用了四十天才送到。原因就在于乐平、饶州一带有敌军出没，信使恐怕是途中绕道了。

自从十二日攻克休宁之后，左宗棠的军队分出八营的兵力，可在甲路地方受了些小的挫折，不得已只好退到景镇驻扎。还好此时的敌人并没有追击过来，这才给了左宗棠的部队休整的时间，也正因为如此，他的部队的士气才没有遭到过于严重的打击。眼下这时候，左宗棠的军队在进攻乐平、鄱阳的敌军，鲍超的军队因为抚州、建州的战事吃紧，本来是调他去江西的，只好先顾及根本，其次才是去支援抚州、建州的战事了。因为近日鄱阳有警报，景镇又危险，只好暂时留下鲍超的军队而不急于回去。胡宫保很担心敌人会从黄州行军偷袭安庆沅弟的部队，所以又调鲍军救援北岸，所以其管辖的祁门附近的各岭守地里，二十三日又有两处地方被敌人攻占了。

这几个月以来，我实在是有些应接不暇了，危险是一个接着一个地报来，而偏偏这时候洋人又横冲直撞地在安庆、湖口、湖北、江西等地区出入，而且据传还要来祁门。以目前的形势推断，今年要想再支撑下去，恐怕是十分艰难了。可是，我自从咸丰三年冬天以来，早就立誓要以身殉国了。所以我宁愿战死在沙场上，而不愿死在家中。这是我这一生的志愿。近年来我在军营里的军务都是在尽心竭力，问心无愧，死也能够瞑目了，此生无憾。

家里所有的兄弟侄子们，都应当记住咱家祖上的八字遗训："考、宝、早、扫、书、蔬、鱼、猪。"除此之外，还要谨记祖父的三不信："不信风水先生，不迷信药物，不相信和尚、巫师。"而在我的日记里，还有着这样的"八本"的说法："读书以训诂为本；作诗文以声调为本；事亲以得欢心为本；养身以戒恼怒为本；立身以不妄语为本；居家以不晏起为本；做官以不收人钱财为本；行军以不扰民为本。"

这八本都是我这么多年从军从政的个人经验所得，希望家里的弟弟侄子们能将这"八本"谨记心里。无论这世道是治是乱，家里是贫是富，只要能坚守祖训的"八字"和我这"八本"，咱们的家族就会一直兴盛下去。我在每次的家书里，都会不厌其烦地嘱咐你们，因为战事紧张，所以我要提前提醒大家，以防以后没机会说了。

不过别担心，我的身体依然很好。虽然军队里已经四个月没有发军饷了，但是军心并未涣散，应该还能支撑一段时间，家里不必挂念。

咸丰十一年二月二十四日

理财篇

禀祖父母
请给族人以资助

【原文】

孙男国藩跪禀祖父母大人万福金安：

四月十一日，由折差第六号家信，十六日折弁又到。

孙男等平安如常，孙妇亦起居维慎，曾孙数日内添吃粥一顿，因母乳日少，饭食难喂，每日两饭一粥。

今年散馆，湖南三人皆留。全单内共留五十二人，仅三人改部属，三人改知县。翰林衙门现已多至百四五十人，可谓极盛。

琦善于十四日押解到京，奉上谕派亲王三人、郡王一人、军机大臣、大学士、六部尚书会同审讯，现未定案。

梅霖生同年因去岁咳嗽未愈，日内颇患咯血。同乡各京官宅皆如故。

澄侯弟三月初四日在县城发信，已经收到。正月二十五信，至今未接。兰姊以何时分娩？是男是女，伏望下次示知。

楚善八叔事，不知去冬是何光景？如绝无解危之处，则二伯祖母将穷迫难堪，竟希公之后人将见笑于乡里矣。孙国藩去冬已写信求东阳叔祖兄弟，不知有补益否？此事全求祖父大人作主，如能救焚拯溺，何难嘘枯回生。伏念祖父平日积德累仁，救难济急，孙所知者，已难指数。如廖品一之孤，上莲叔之妻，彭定五之子，福益叔祖之母，及小罗巷、樟树堂各庵，皆代为筹划，曲加矜恤。凡他人所束手无策，计无复之者，得祖父善为调停，旋乾转坤，无不立即解危，而况楚善八叔同胞之亲、万难之时乎？

孙因念及家事，四千里外，杳无消息，不知同堂诸叔目前光景，又念及家中此时，亦甚难窘，辄敢冒昧饶舌，伏求祖父大人宥无知之罪。楚善叔事，如有设法之处，望详细寄信来京。

兹逢折便，敬禀一二，即跪叩祖母大人万福金安。

道光二十一年四月十六日

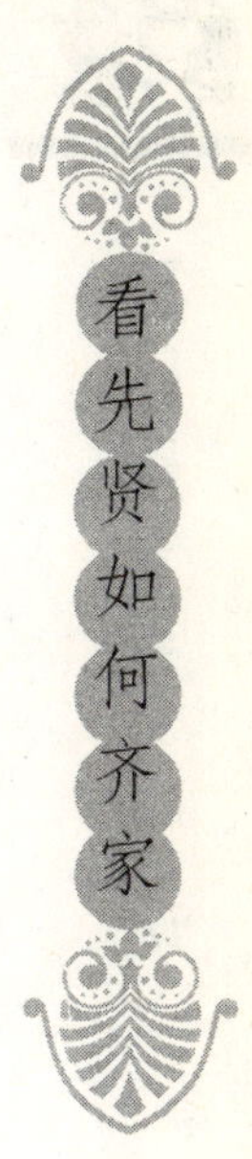

【译文】

孙儿国藩跪禀祖父母大人万福金安：

四月十一日，由邮差送来了家里第六封家信，十六日邮差又到。

孙儿等家人都一切安好，孙媳妇的起居也非常的安健。您的曾孙现在每天添食粥一顿，因为缺少母乳，饭食难喂，所以现在每天两饭一粥。

今年庶常馆学成的人中，湖南的三个人都留了下来。馆内一共留下了五十二个人。其中有三人是改了部属，还有三人是做了知县。目前，翰林院的在职人员，一共有一百四五十人，可谓是热闹非凡啊。

琦善已于十四日被押解到了京城，奉皇上谕旨，朝廷派了三个亲王、一个郡王、军机大臣、大学士、六部尚书会同审讯琦善，而目前他的案子还没有最终定性。

梅霖生因为去年咳嗽还没有好利索，近日来又发展到了吐血，其他的同乡各京官家中一切都还正常。澄侯弟三月初四日那天，从县城给我发来了信，信我已经收到。不过正月二十五日的信，至今我还没有收到。

兰姐究竟什么时候才分娩？生的是儿子还是女儿，还望下次告知一下。

去年冬天楚善八叔的后事，也不知道办得怎么样了？如果没有人慷慨解囊，那二伯母的生活必将非常紧迫，这样的话竟希公的后人将沦为乡里的笑柄。孙儿国藩去年冬天的时候，已给东阳叔祖兄弟写过书信，不知他们有帮助没有？这件事全在祖父大人做主，如能救他于水深火热之中，那他的生活以后也能有所依靠。回想祖父平日里最好积德累仁，救难济急，孙儿所了解的种种事迹已是数不胜数。比如救助廖品一的孤儿、上莲叔的妻子、彭定五的儿子、福益叔祖的母亲，以及小罗巷、樟树堂各尼庵，都是祖父代为筹划并对其怜悯抚恤。若说是别人束手无策的事，只要祖父一出面认真调停，便能转瞬间扭转乾坤，救人于危难水火之中，何况有同胞亲谊的楚善八叔正在万难之中呢！

孙儿因惦念家中的事，四千里外，苦于杳无消息，不知道同堂各位叔叔目前的境遇如何，因估计家里现在的情况应该是不错的，因此才敢冒昧地请求祖父大人帮忙。如有哪里说错了，还望祖父大人见谅。楚善叔的事情，如有我能帮得上忙的，请寄信来京城。

现逢邮差的便利，恭敬地禀告一二，跪叩祖母大人万福金安。

道光二十一年四月十六日

禀祖父母
述告在京无生计

【原文】

孙男国藩跪禀祖父大人万福金安：

六月初五日接家信一封，系四弟初十日在省城发，得悉一切，不胜欣慰！

孙国藩日内身体平安。国荃于二十三日微受暑热，服药一帖，次日即愈，初三日复患腹泻，服药二帖即愈。曾孙甲三于二十三日腹泻不止，比请郑小珊诊治，次日添请吴竹如，皆云系脾虚而兼受暑气，三日内服药六帖，亦无大效。二十六日添请本京王医，专服凉药，渐次平复。初一初二两日未吃药，刻下病已全好，唯脾元尚亏，体尚未复，孙等自知细心调理，观其行走如常，饮食如常，不吃药即可复体，堂上不必挂念。冢孙妇身体亦好。婢仆如旧。

同乡梅霖生病，于五月中旬，日日加重，十八日上床，二十五日子时仙逝。胡云客先生亦同日同时同刻仙逝。梅霖生身后一切事宜，系陈岱云、黎樾乔与孙三人料理。戊戌同年赙仪共五百两，吴甄甫夫子（戊戌总裁）进京，赙赠百两，将来一概共可张罗千余金。计京中用费及灵柩回南途费，不过用四百金，其余尚可周恤遗孤。

自五月下旬以至六月初，诸事殷繁，荃孙亦未得读书。六月前寄文来京，尚有三篇孙未暇改。

广东事已成功，由军功升官及戴花翎蓝翎者，共二百余人。将上谕抄回前半截，其后半载升官人名，未及全抄。

昨接家信，始知楚善八叔竹山湾田，已于去冬归祖父大人承买。八叔之家稍安，而我家更窘迫，不知祖父如何调停？去冬今年如何设法？望于家信内详示。

孙等在京，别无生计，大约冬初即须借账，不能备仰事之资寄回，不胜愧悚。

余容续禀，即禀祖父母大人万福金安。

孙跪禀。

道光二十一年六月初七日

【译文】

孙男国藩跪禀祖父大人万福金安：

六月初五日，孙儿接到家信一封，是我四弟在初十那天所发，信里所写之事，我已所知晓，不胜欣慰。

孙儿国藩近日来身体依然康健。国荃在二十三日那天，稍微有点中暑的迹象，随后服药一帖，随即第二天就得以痊愈。不过初三又开始腹泻不止，随后服药二帖便痊愈了。曾孙甲三在二十三日腹泻不止，赶紧请来郑小珊为他诊治，第二天又加请吴竹如，二位都说是脾虚，并且加上中暑所致，三天共吃药六帖，可也没有什么大的起色。二十六日那天，又请京名医王大夫，专吃了凉药，这才逐渐平复。初一、初二两天药已停服，现在病情已基本痊愈，只是脾元还有点亏，体重也还没有恢复。孙儿自己知道细心照顾，现在看他是行走、饮食皆已恢复正常，不吃药可以复体，家里长辈不必过于挂念。长孙媳妇身体也很安好，家里的下人一切也都安好。

同乡的梅霖生，在五月中旬的时候得了一场大病，病情一天天的加重，十八日卧床不起，随后二十五日子时的时候就逝世了。巧的是胡云阁老先生也是在同日同时同刻逝世。梅霖生的后事，是由陈岱云、黎樾乔与孙儿三人共同料理的，戊戌同年，赙仪给了五百两。戊戌总裁吴甄甫夫子进京时，馈赠了百两，零零总总大概能凑个千余两吧。估计在京城的花销和将灵柩运回湖南的花销大概是四百两左右，余下的六百两，可以用作抚恤其家属之用。

自五月下旬到六月初，这段时间来事务特别的繁忙，国荃弟因此也没怎么看书。六月前寄文来京，其中还有三篇孙儿没来得及批改。

广东的事务基本算是大功告成，由军功升官及戴花翎蓝翎的，共有两百余人。现将上谕抄回上半部，下半部是加功进爵的人员名单，只有前半截人名，后半截没有来得及全抄。

昨天刚刚接到家书，看了信才知道楚善八叔的竹山湾田，已于去年冬天，收归祖父大人名下，这样一来八叔家里的日子也能稍微安定，不过我家的情况就不是太乐观了，不知祖父大人准备如何处理？去年冬天已经过去了，但今年冬天还没有着落，不知该如何解决。希望您能在信里详细训示。

孙儿等在京城，也没有什么别的经济来源，到了冬天可能还需要借钱度日，不能不仰事堂上大人的资费寄回，孙儿不胜惭愧！

其余的容以后再行禀告，即请祖父母大人万福金安。

孙儿跪禀。

道光二十一年六月初七日

禀父母

借银寄回家用

【原文】

男国藩跪禀父母亲大人万福金安：

十四日接家信，内有父亲、叔父并丹阁叔信各一件，得悉丹阁叔入泮，且堂上各大人康健，不胜欣幸。

男于八月初六日移寓绳匠胡同北头路东，屋甚好，共十八间，每月房租京钱二十千文。前在棉花胡同，房甚逼仄，此时房屋爽垲，气象轩敞。男与九弟言，恨不能接堂上各大人来京住此。

男身体平安，九弟亦如常，前不过小恙，两日即愈，未服补剂。甲三自病体复元后，日见肥胖，每日欢呼趋走，精神不倦。家妇亦如恒。九弟《礼记》读完，现读《周礼》。

心斋兄于八月十六日，男向渠借银四十千，付寄家用。渠允于到湘乡时送银二十八两交勤七处，转交男家，且言万不致误。男订待渠到京日偿还其银，若到家中，不必还他。又男寄有冬菜二篓、朱尧阶寿屏一付，在心斋处。冬菜托勤七叔送至家，寿屏托交朱啸山转寄。

香海处，月内准有信去，王睢园处，去冬有信去，至今无回信，殊不可解。

颜字不宜写白折，男拟改临褚柳。去年跪托叔父大人之事，承已代觅一具，感戴之至，稽首万拜，若得再觅一具，即于今冬明春办就更妙。敬时叔父，另有信一函。在京一切，自知谨慎。

男跪禀。

道光二十一年八月十七日

【译文】

儿子国藩向父母亲大人跪请金安：

十四日这天接到的家信，里面有父亲、叔父、丹阁叔的书信各一封，看了信才知道丹阁叔考取了县学生员，并且堂上各大人身体康健，心里非常的欢喜。

儿子从八月初六日这天，开始搬到绳匠胡同北头东屋的房子里居住。房子是又大又敞亮，共有十八间，而房租是每月二十千文。以前在棉花胡同住的时候，那房子还是太拥挤了，现在的房子清爽干燥，气象敞亮。儿子对九弟说，恨不得把您二老从家乡接到北京来居住。

儿子最近的身体很好，九弟也非常的好，前一阵得了一些小毛病，不过一两天就完全好了，连药都不用吃。甲三自从上次病愈之后，现在还一天天的变胖了，每天是又蹦又跳的，精神头好极了。长媳妇也如常。九弟《礼记》已读完，现在正在读《周礼》。

在八月十六日那天，儿子向心斋兄借钱四十千，准备寄回家用。后来他答应我，当他到了湘江时，会送银子二十八两交勤七处，然后再转交儿子家，并且保证万无一失。儿子已与他约定，这笔钱等他回京城后再还给他，所以钱到了家里，家人不必还他。同时儿子还寄有冬菜两篓、先尧阶寿屏一付，这些都在心斋处。冬菜托交勤七叔送到家里，寿屏托了朱啸山转寄家中。

香海那里，这个月内肯定就会送去信儿，王睢园处，去年冬天有信，至今没有回信，真是不可理解。

因为颜体字不适合写白折，所以以后儿子准备用褚体、柳体。去年嘱托叔父大人的事，他好不容易给我找了一具，真的是不胜感激。叩头万拜。假如能再找一具，而且就在冬明春办那就更好了。敬谢叔父的事，儿子另有一封信。儿子在京城一切安好，自己知道为人谨慎。

儿子跪禀。

道光二十一年八月十七日

禀父母
在外借债过年

【原文】

男藩跪禀父母亲大人万福金安：

十一月十八男有信寄呈，写十五日生女事，不知到否？昨十二月十六日奉到手谕，知家中百事顺遂，不胜欣幸。男等在京身体平安。孙男孙女皆好，现在共用四人，荆七专抱孙男，以春梅事多，不能兼顾也。孙男每日清晨与男同起，即送出外，夜始接归上房。孙女满月，有客一席。

九弟读书，近有李碧峰同居，较有乐趣。男精神不甚好，不能勤教，亦不督责。每日兄弟笑语欢娱，萧然自乐，而九弟似有进境，兹将昨日课文原稿呈上。

男今年过年，除用去会馆房租六十千外，又借银五十两。前日冀望外间或有炭赀之赠，今冬乃绝无此项。闻今年家中可尽完旧债，是男在外有负累，而家无负累，此最可喜之事。岱云则南北负累，时常忧贫。然其人忠信笃敬，见信于人，亦无窘迫之时。

同乡京官，俞岱青先生告假，拟明年春初出京，男有干鹿肉托渠带回。杜兰溪、周华甫皆拟送家眷出京。岱云约男同送家眷，男不肯送，渠谋亦中止。彭山屺出京，男为代借五十金，昨已如数付来。心斋临行时，约送银二十八两至勤七叔处转交我家，不知能践言否？嗣后家中信来，四弟、六弟各写数行，能写长信更好。

男谨禀。

道光二十一年十二月二十一日

【译文】

儿子国藩跪着禀告父母亲大人万福金安：

十一月十八日，儿子曾给家里的父母亲大人写过一封信，信里说道儿媳妇在十五日的时候，又生了个女儿的事，不知家里收到没有？昨天十二月十六日，我方才接到手谕，知道家里一切都安好，心里不胜欣慰！儿等在京城，身体也都平安。孙儿孙女也都很好，现在家里请了四个下人，由荆七专门负责照顾您孙儿，因春梅事情多了，家里的大事小情一人总是顾不上来。孙儿每天早晨，都和儿子同时起床，早上送他出去，晚上再把他接回来。孙女满月的时候，家里请了一桌酒席。

九弟读书，近来和李碧峰同住，他们两个在一起还是比较有乐趣的。儿子最近精神状态不是很好，不能经常亲自教导弟弟，也不能有所监督。不过我们兄弟每天笑语欢娱，怡然自得，而九弟感觉上也是进步不少的，现将昨天的课文原稿呈上。

今年过年的时候，儿子除了花掉会馆的房租六十千以外，又向人借了五十两白银。前段时间，想着外面会送点寒炭费，不过今年冬天恐怕不会再有这个项目了。听说今年家里已经将过去的旧债都还清。眼下儿子在外面有负债，但家里却没有，真是件好事啊。而岱云则承受着来自南北两方面负担的拖累，经常没钱。不过他这个人还是忠诚可信，笃厚敬重的，所以大家都很相信他，他也没有窘迫的时候。

同乡里在京为官的，其中俞岱青先生最近告假，准备着明年春天就离京，儿子有些鹿肉请他捎回去。杜兰溪、周华甫准备送家眷离京。岱云曾经约儿子一同送家眷，儿子没有答应，因此他的计划只好作罢。彭山屺离京的时候，儿子为他代借了五十两银子，昨天已经全数付来。心斋临走时，跟他相约，送二十八两银子到勤七叔处，然后再转交我家，不知道他能不能按照计划办到？以后家中来信，四弟、六弟各写几行，能够写长信更好。

儿子谨禀。

道光二十一年十二月二十一日

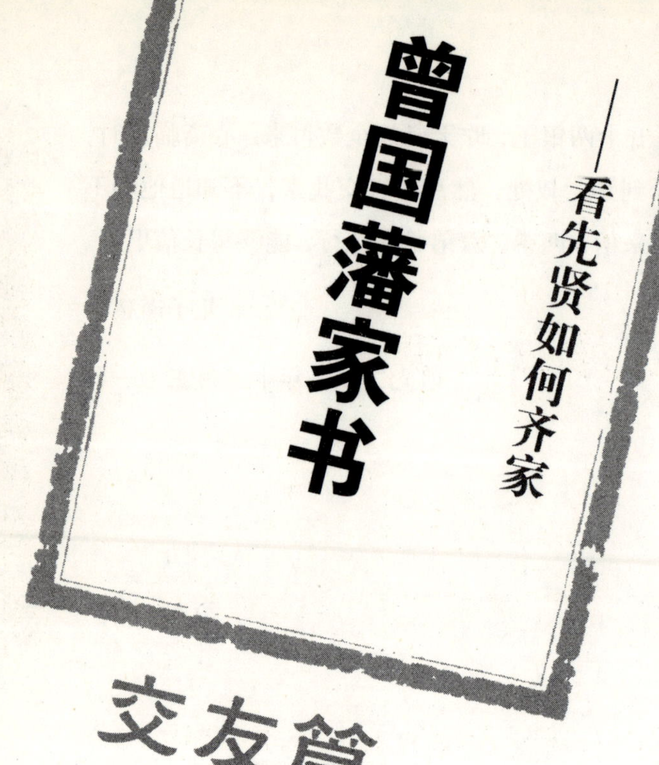

交友篇

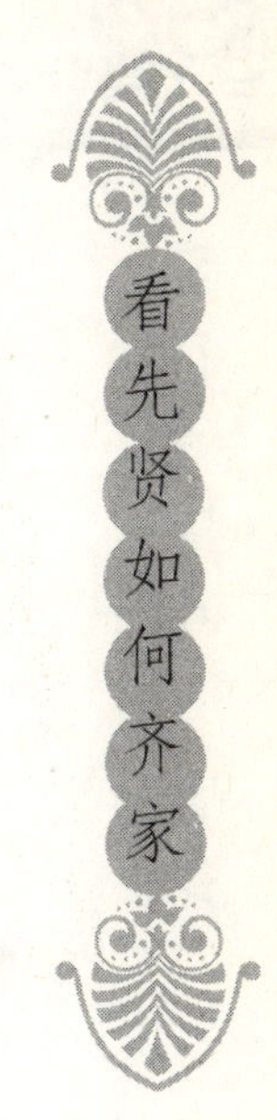

致诸弟

交友拜师宜专一

【原文】

四位老弟左右：

正月二十三日，接到诸弟信，系腊月十六在省城发，不胜欣慰。四弟女许朱良四姻伯之孙，兰姊女许贺孝七之子，人家甚好，可贺。唯惠妹家颇可虑，亦家运也。

六弟、九弟今年仍读书省城罗罗山兄处，附课甚好。既在此附课，则不必送诗文于他处看，以明有所专主也。凡事皆贵专，求师不专，则受益也不入；求友不专，则博爱而不亲。心有所专宗，而博观他途以扩其识，亦无不可；无所专宗，而见异思迁，此眩彼夺，则大不可。罗山兄甚为刘霞仙、欧晓岑所推服，有杨生（任光）者，亦能道其梗概，则其可为师表明矣。惜吾不得常与居游也。

在省用钱，可在家中支用（银三十两则够二弟一年之用矣，亦在吾寄一千两之内），予不能别寄予弟也。

我去年十一月二十日到京，彼时无折差回南，至十二月中旬始发信。乃两弟之信骂我糊涂，何不检点至此！赵子舟与我同行，曾无一信，其糊涂更何如耶？余自去年五月底至腊月初未尝接一家信。我在蜀可写信由京寄家，岂家中信不可由京寄蜀耶？又将骂何人糊涂耶？凡动笔不可不检点。

陈尧农先生信至今未接到，黄仙垣未到京。家中付物难于费心，以后一切布线等物均不必付。九弟与郑、陈、冯、曹四信，为作俱佳，可喜之至。六弟与我信字太草率，此关乎一生福分，故不能不告汝也。四弟写信语太不圆，由于天分，吾不复责。余容续布，诸唯心照。兄国藩手具。

道光二十四年正月二十六日

【译文】

四位老弟左右：

正月二十三日那天，我接到了弟弟们的信，是十二月十六日在省城发来的，看了你们写的信，我感到十分的欣慰！四弟的女儿已经许配与了朱良四姻伯的孙子，而兰姐的女儿则许配给了贺孝七的儿子，都是很不错的好人家，真是可喜可贺啊！只是那惠妹家的情况不是十分的乐观，不免令人有些忧虑。话又说回来了，这也许就是她的家运吧。

六弟、九弟今年仍旧在省城罗罗山兄那继续读书，罗罗山兄的功课讲得还是很有水平的。弟弟们既然在那里读了书，以后你们的作品也就不用再拿到别处给别的老师看了。这也是表示你们对于罗罗山老师的一种尊敬。任何事情都贵在专一，求师不专，即使有收益也难以有大的成就；求友不专，即使有很多朋友也没有至交。心里有专一的宗旨，再博览其他的以扩充自己的知识，这样一来就没有什么不可以的；如果不专一，而是见异思迁，这山望着那山高，那是绝对不可以的。罗山兄很为刘霞仙、欧晓岑他们所推崇，有一个叫杨任光的，也说他有刚直的气概，为人师表的话肯定的当之无愧。只可惜我不能经常和他交流。

你们在省城的费用可以从家用中支出（三十两银子估计就够两个弟弟

一年的费用了，已包括在我寄回家的这一千两银子之内），所以我不能再另外给弟弟们寄钱去了。

我是去年十一月二十日到达的京城，那时京城和湖南之间还没有通信使。所以只有等到了十二月份中旬才给家里写了第一封信。两个弟弟在来信中骂我糊涂，弟弟们，你们为什么这么不懂得检点自已所说出的话呢？赵子舟和我同路，他连一封信也没有写，那他的糊涂更是到了什么程度呢？我自去年五月底到十二月初，也没有接到过家里的一封信，我在四川倒是可以将书信由四川转到京城，再由京城转到湖南，但是难道老家的书信不能由京城转寄到四川吗？那又骂谁糊涂呢？所以劝弟弟们，无论是说话，还是动笔写信，在此之前，一定要对自已所要说的话仔细斟酌。

至今还没有接到陈尧农先生的书信。而且黄仙垣他也没有到京城。家里寄来的东西，很是费心，所以以后一切布线等物，都不用再寄来了。九弟给郑、陈、冯、曹的四封信写得很好，我看了之后倍感欣慰。而六弟给我写的信，字迹非常的潦草，字写得好坏，是关系到一辈子的福分的，所以我不得不给六弟提出来。四弟写信，语言太不圆熟，但这还是天分的缘故，所以我也不想再责备他。其余的容我以后再一一道来，请各位保重。兄国藩手具。

道光二十四年正月二十六日

致诸弟
宜亲近良友

【原文】

四位老弟左右:

四月十六日，曾写信交折弁带回，想已收到。十七日朱啸山南归，托带纹银百两，高丽参一斤半，书一包计九套。兹因冯树堂南还。又托带寿屏一架，狼兼毫笔二十支，鹿胶二斤，对联条幅一包（内金年伯耀南四条，朱岚暄四条，萧辛五对一幅，江岷山母舅四条，东海舅父四条，父亲横披一个，叔父折扇一柄），乞照单查收。

前信言送江岷山、东海高丽参六两，送金耀南年伯参二两，皆必不可不送之物，唯诸弟禀告父亲大人送之可也。

树堂归后，我家先生尚未定。诸弟若在省得见树堂，不可不殷勤亲近，亲近愈久，获益愈多。

今年湖南萧史楼得状元，可谓极盛。八进士皆在长沙府，一黄琴坞之胞兄及令嗣皆中，亦长沙人也。余续具。兄国藩手草。

道光二十五年四月二十四日

【译文】

四位老弟左右：

四月十六日那天，我曾将一封信交给信差寄往家中，想必现在家里已经收到了吧？这个月十七日，朱啸山回了湖南，临行前，我托他给家里带回去了一百两银子还有一斤半高丽参，一包书共九套。因为冯树堂他也正好要回湖南，所以我就又托他带回了一架寿屏，狼毫笔二十支，鹿胶二斤，对联、条幅一包（其中，有送金年伯耀南的四条，送朱岚暄的四条，送萧辛五的一副对联，送江岷山母舅的四条，送东海舅父的四条，送父亲的横批一个，送叔父的折扇一柄），到时候请家里照单查收吧。

前段时间，我在给家里写的信里说要送江岷山、东海六两高丽参，送金年伯耀南二两高丽参，这些东西都是必须要送到的，弟弟们禀告父亲大人后，直接送去就行了。

冯树堂离开之后，我家里的老师还没有定下来。所以弟弟们在省城如果见着树堂了，一定要虚心地多亲近他，跟着他待的时间越久，你们学到的东西也就越多。

今年湖南的萧史楼中了状元，真是咱湖南的骄傲啊。而且八个进士都是长沙的，黄琴坞的胞兄和他的儿子两人都同时都考中了，同样他们也是长沙人。其余的容我以后再报。兄国藩手草。

道光二十五年四月二十四日

致诸弟

切勿占人便宜

【原文】

澄侯、子植、季洪三弟足下：

二十五日，接到澄弟六月一日所发信，具悉一切，欣慰之至！发卷所走各家，一半系余旧友，唯屡次扰人，心殊不安。我自从己亥年在外把戏，至今以为恨事，将来万一作外官，或督抚，或学政，从前施情于我者，或数百，或数千，皆钓饵也。渠若到任上来，不应则失之刻薄，应之则施一报十，尚不足以满其欲，故兄自庚子到京以来，于今八年，不肯轻受人惠，情愿人占我的便益，断不肯我占人的便益。将来若作外官，京城以内，无责报于我者，澄弟在京年余，亦得略见其概矣，此次澄弟所受各家之情，成事不说，以后凡事不可占人半点便益，不可轻取人财，切记切记！

彭十九家姻事，兄意彭家发泄将尽，不能久于蕴蓄，此时以女对渠家，亦若从前之以蕙妹定王家也，目前非不华丽，而十年之外，局面亦必一变，澄弟一男二女，不知何以急急定婚若此？岂少缓须臾，即恐无亲家耶？贤弟从事多躁而少静，以后尚期三思，儿女姻缘，前生注定，我不敢阻，亦不敢劝，但嘱贤弟少安毋躁而已。

京寓中大小平安，纪泽读书，已至“宗族称孝焉”，大女儿读书，已至“吾十有五”。前三月买骡子一头，顷赵炳坤又送一头，二品本应坐绿呢车，一切向来俭朴，故仍坐蓝呢车。寓中用度，比前较大，每年进项亦较多，其他外间进项，尚与从前相似。同乡人皆如旧。李竹屋在苏寄信来，立夫先生许以干馆，余不一一，兄手草。

道光二十六年六月二十七日

【译文】

澄侯、子植、季洪三弟足下：

二十五日那天，我收澄弟在六月一日寄来的书信，信中的内容我已知晓，心里非常的欣慰！发卷所走各家中，有一多半都是我的相识旧友，只是屡次烦扰人家，心里总感到有些不好意思，自从己亥年，我在外周游以来，直到今天仍然还是有不少的遗憾。假如将来我有做外官的机会，或者是督抚，或者是学政，而那些曾经有恩于我的人，或者几百人，或者几千人，多得就像鱼饵一样。如果将来他们有求于我，我若是不答应则显得太忘恩负义了。如果答应他们，那即便是给他们十倍的恩情，恐怕他们也还是不知足的。所以自兄长到京城八年以来，从不轻易接受别人的馈赠，情愿他人占我便宜，也决不占他人便宜。这样将来即使做了外官，京城以内也没有人能因我没有报恩而有所怨言。澄弟在京城这一年多来，也懂得了一些梗概。这次澄弟接受了各家的恩惠，既然事情已经发生过了就不说了。不过以后切莫不要再接受这种占别人便宜的事情。也不要轻易接受别人的钱财，切记切记！

彭十九家的婚事，哥哥我的意思是，彭家的运数已尽，肯定是长久不了的。如果此时将女儿嫁到他家，跟从前把蕙妹嫁到王家的情况是一样的。虽然现在他们家是华贵得很，但是十年之后，他们家的情况必定发生变化。澄弟你只有一男二女，我不知道你为什么要这么匆忙为女儿订婚？难道略晚些，是怕女儿嫁不出去吗？贤弟你做事还是不够冷静，日后遇事需三思

而行。儿女们的姻缘，前生早已注定，这个是我也不敢阻止的，我也无权劝止，只是嘱咐贤弟你做事切莫草率罢了。

京城的家里一切平安，纪泽已读到了“宗族称孝焉”，大女儿也已读到“吾十有五”。我在三个月前，特意去买了一头骡子，可赵炳坤不久前又送了一头。二品官本应坐绿呢车，平时为兄一向俭朴，所以至今还坐蓝呢车。最近家中的花销也比之前多了不少，不过今年的收入也比往年的多了。至于其他的收入，与从前的并无二致。在京的同乡人也和从前一样。李竹屋从苏州寄来了信，宋立夫先生答应他教馆，其他的就不一一写了，兄手草。

道光二十六年六月二十七日

致九弟
患难与共勿有遗憾

【原文】

沅甫九弟左右：

十四日接弟初七夜信，得知一切。

贵溪紧急之说确否？近日消息何如？次青非常之才，带勇虽非所长，然亦有百折不回之气，其在兄处，尤为肝胆照人，始终可感！兄在外数年，独惭无以对渠，去腊遣韩升至李家省视其家，略送仪物，又与次青约成婚姻，以申永好。目下儿女两家无相当者，将来渠成三索得男，弟之次女、三女可与订婚，兄信已许之矣。在吉安，望常常与之通信，专人往返，想十余日可归也，但得次青生还，与兄相见，则同甘苦患难诸人中，尚不至留莫大之愧歉耳。

昔耿恭简公谓居官以耐烦为第一要义，带勇亦然。兄之短处在此，屡次谆谆教弟亦在此。二十七日来书有云："仰鼻息于傀儡膻腥之辈，又岂吾心之所乐。"此已露出不耐烦之端倪，将来恐不免于龃龉。去岁握别时，曾以惩余之短相箴，乞毋忘也。

李雨苍于十七日起行赴鄂，渠长处在精力坚强，聪明过人，短处即在举止轻佻，言语易伤，恐润公亦未能十分垂青。温甫弟于二十一日起程，大约三月半可至吉安也。

咸丰八年二月十七日

【译文】

沅甫九弟左右：

十四日那天，我接到了你初七晚上来的信，具体情况我已得知。

贵溪那天情况紧急的说法，你确定属实吗？这近日的消息又有什么新变化吗？次青可是个非常难得的人才，带兵虽然不是他的长处，但是其百折不饶的性格还是非常值得学习的。他在兄长这儿的时候，尤其是他那肝胆照人的做事方式，始终让人对其佩服不已！兄长我在外打拼多年，唯一觉得心中有愧的就是他。去年冬天派韩升到李家探视，稍微送了一点礼品，又与次青订立婚约，以表明我想和他永远通好的意思。眼下两家的儿女中没有年龄相当的人，将来他再得了儿子，弟弟的二女儿、三女儿可以与他家订婚，兄长在信里已经答应了。你在吉安也要和他经常通信往来，如果派专人传送书信，我想往返时间不会超过十天。假如次青最后能活着回来的话，那么我们这几个同甘共苦过的人里，我还不至于显得那么孤单。

过去耿恭简公曾跟我说过，做官要耐得住烦忧才行。其实带兵也是同样的道理。我的不足之处就是经常受不了烦扰的困扰，我也总是拿自己为反面教材告诫各位弟弟。二十七日的时候，弟弟在寄给我的信中说道："让我在这些傀儡们的手下当差，这哪里是我心里所情愿做的？"其实这里就已经暴露了弟弟不耐烦情绪的滋生苗头，由此我时常担心，弟弟将来会因为不耐烦和那些官员发生矛盾和摩擦。还记得去年与你握手道别的时候，我曾经以自己的反面例子来告诫弟弟凡事都要忍耐谨慎，希望弟弟能够谨记。

李雨苍将于十七日起程赶赴湖北，这人的长处就是精力旺盛，聪明绝顶，短处是举止轻浮，还不够成熟，而且容易出语伤人，我担心润公会看不上他。温甫弟弟是二十一日起程的，大约三月的中旬就可以到达吉安。

咸丰八年二月十七日

为政篇

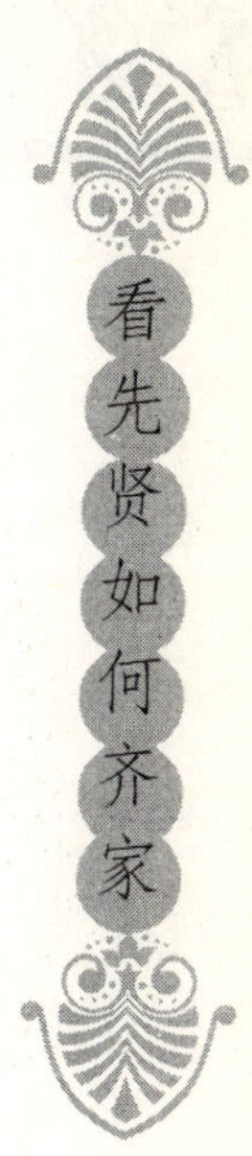

禀祖父母

述与英国议和

【原文】

孙男国藩跪禀祖父母大人万福金安：

九月十三日接到家信，系七月父亲在省所发，内有叔父及欧阳牧云致函，知祖母于七月初三日因感冒致恙，不药而愈，可胜欣幸。

高丽参足以补气，然身上稍有寒热，服之便不相宜，以后务须斟酌用之，若微觉感冒即忌用。此物平日康强时和入丸药内服最好，然此时家中，想已无多，不知可供明年一单丸药之用否？若其不足，须写信来京，以便觅便寄回。

四弟六弟考试又不得志，颇难为怀，然大器晚成，堂上不必以此置虑。闻六弟将来有梦熊之喜，幸甚！近叔父为婶母之病劳苦忧郁，有怀莫宣，今六弟一索得男，则叔父含饴弄孙，瓜瓞日蕃，其乐何如！

唐镜海先生德望为京城第一，其令嗣极孝，亦系兄子承继者。先生今年六十五岁，得生一子，人皆以盛德之报。

英夷在江南，抚局已定。盖金陵为北咽喉，逆夷既已扼吭而据要害，不得不权为和戎之策，以安民而息兵。去年逆夷在广东，曾经就抚，其费去六百万两。此次之费，外间有言有二千一百万者，又有言此项皆劝绅民捐输，不动帑藏者，皆不知的否。现在夷船已全数出海，各处防海之兵，陆续撤回，天津亦已撤回。议抚之使，系伊里布、耆英及两江总督牛鉴三人。牛鉴有失地之罪，故抚局成后，即革职拿问；伊里布去广东，代奕山

为将军；耆英为两江总督。自英夷滋扰，已历二年，将不知兵，兵不用命，于国威不无少损，然此次议抚，实出于不得已，但使夷人从此永不犯边，四海晏然安堵，则以大事小，乐天之道，孰不以为上策哉？

孙身体如常，孙妇及曾孙兄妹皆平安，同县黄晓潭荐一老妈吴姓来，因其妻凌虐婢仆，百般惨酷，求孙代为开脱。孙接至家住一月，转荐至方夔卿太守处，托其带回湖南，大约明春可到湘乡。

今年进学之人，孙见《题名录》，仅认识彭惠田一人，不知二十三上都进入否？谢党仁、吴光照取一等，皆少年可慕。一等第一《题名录》刻黄生平，不知即黄星平否？

孙每接家信，常嫌其不详，以后务求详明，虽乡间田宅婚嫁之事，不妨写出，使游子如仍未出里门。各族戚家，尤须一一示知。幸甚！

敬请祖父母大人万福金安。余容后呈。

孙谨呈。

道光二十二年九月十七日

【译文】

孙儿国藩跪禀祖父母大人万福金安：

九月十三日那天接到了家里的来信，这是七月间父亲从省城发来的，而且信里面还附有叔父和欧阳牧云的信函，看了信我才知道祖母在七月初三那天得了感冒，没有吃药便好了，令孙儿感到欣慰。

高丽参虽然有补气的药效，但是身上若是稍微有点寒热，那就不适合吃这个进补，以后一定要再三斟酌再决定是否服用它。如果有一点感冒的症状都不要服用此药。平日身体无大碍时，最好把它混在药丸里吃最好，我想家里现在也没有多少这东西了，不知道可不可以供应明年丸药的用量？如果不够，可给京城来信，我托人往家里送。

四弟六弟这次考试又没有得中，心里肯定是很难释怀的，但是有大才之人一般都是大器晚成的，家里长辈不必过于在意。又听说六弟有生儿子的吉兆，真太幸运了！近来叔父为了婶母的病劳心费力，心里的着急也是难以说出口，现在六弟的第一胎便得了个男孩，那么以后叔父颐养天年，就可以子孙满堂了，晚年那是何等的幸福啊！

唐镜海先生的品德威望在京城里那可是首屈一指的，他的儿子也十分的孝敬，也是从兄长处过继过来的。先生今年六十五岁，生了一个儿子，人家都说这是他上辈子积了阴德，老天对他的一种回报。

英国人在江南一带不断滋事，朝廷安抚的政策已经敲定下来了。因金陵是北面的咽喉要道，既然英国人已经控制住了咽喉之地，朝廷只有采取议和方式应对，以图以安定百姓，平息战火。去年的时候，英国侵略者在广东已经接受了朝廷的安抚，一共花了六百万两银子。这次的费用，外面有传言说是两千一百万，而且还传说这笔费用是官绅和百姓的捐款，不动用国库的钱财，也不知道这消息是真是假？现在英国人的船只已经离开，各处防备的军队也已经全部撤回，天津的守军也已撤回。和谈的使节是伊里布、耆英以及两江总督牛鉴三个人。牛鉴有守地失守的罪过，所以和谈以后，马上要革职拿问；伊里布去广东，代替奕山为将军；耆英为两江总督。自从英国侵略者滋事骚扰，已历经两年，带兵的不懂得如何打仗，当兵的不努力作战，以致我国的威望大大受损。而这次议和，完全是处于逼不得已，假如这次的退步，能让英国人再不来犯，四海内安定太平，则大事化小，乐于顺应天命之道，那议和又何尝不是上策呢？

孙儿身体一直安好，孙媳妇及曾孙兄妹也都一切安好，同县黄晓潭推荐一位吴姓老妈子来，因为黄晓潭的妻子虐待下人，方式十分惨酷，因此求我帮忙给开脱一下。孙儿接她在家里躲避了一月，随后转荐到方夔卿太守家，由他带回湖南，大约明年春天就可到湘乡。

今年进学的人里，孙儿看见了《题名录》的名单，其中我只认识彭惠田一人，不知道我乡二十三岁以上有没有人进学？谢党仁、吴光照考取一等，都是少年英雄令人羡慕啊。这次的一等第一名《题名录》上面写的是黄生平，不知道这位是不是就是黄星平。

孙儿每次接到家信的时候，总是感到信写得还是不够详细，以后再来信时，务必将家里的情况写得详细一些。即使是咱那的乡间土俗，房屋、婚姻嫁娶的事，也不妨一并写上，这样我这个在外的游子，也能有种在家的感觉。尤其是各族亲戚家的事，尤其要一一告知。拜托了！

敬请祖父母大人万福金安，其他的容以后再禀告。

孙儿谨呈。

道光二十二年九月十七日

禀父母
勿入署说公事

【原文】

男国藩跪禀父母亲大人膝下：

十七日接到诸弟四月二十二日在县所发信。欣悉九弟得取前列第三，余三弟皆取前二十名，欢欣之至。诸弟前所付诗文到京，兹特请杨春皆改正付回，今年长进甚远，良可欣慰。向来六弟文笔最矫健，四弟笔颇笨滞，观其《为仁矣》一篇，则文笔大变，与六弟并称健者。九弟文笔清贵，近来更圆转如意，季弟笔亦秀雅，男再三审览，实堪怡悦。

男在京平安。男妇服补剂已二十余帖，大有效验。医人云：虚弱之症，能受补则易好。孙男女及合室下人皆清吉。长沙馆于五月十二日演戏，题名状元、南元、朝元三匾，同日张挂，极为热闹，皆男总办，而人人乐从。头门对联云："同科十进士，庆榜三名元"，可谓盛矣。

同县邓铁松在京患吐血病，甚为危症，大约不可挽回。同乡有危急事，多有就男商量者，男效祖父大人之法，银钱则量加资助，办事则竭力经营。

严丽生取九弟置前列，男理应写信谢他，因其平日官声不甚好，故不愿谢，不审大人意见何加？我家既为乡绅，万不可入署说公事，致为官长所鄙薄。即本家有事，情愿吃亏，万不可与人構讼，令官长疑为倚势凌人，伏乞兹鉴。

男谨禀。

道光二十五年五月二十九日

【译文】

儿子国藩跪禀父母亲大人膝下：

十七日儿子收到弟弟们四月二十二日从县城发来的书信。得知九弟高中第三名，为此高兴不已。而且最令儿子高兴的是其他三个弟弟的成绩也都进入了前二十名。弟弟们前不久将他们的诗文寄到京城这里，我特意请了杨春给他们改正之后寄回。他们几个今年真的进步很快，对此我由衷地感到欣慰。六弟的文笔素来最为矫健，虽然四弟的文笔过去显得颇为笨滞，不过这次看他的《为仁矣》一篇，简直就是文笔大变，几乎与六弟达到了不相上下的境界。九弟的文笔以前就显得很清贵，近来观瞧，现在更加圆转如意。季弟的文笔也十分的秀雅，儿子将他们的文章读了又读，实在是有种说不出的高兴。

儿子在京城这一切安好，儿媳妇这些日子已吃了二十多帖补药，效果显著。医生说虚弱之病，如果能够经得住补则容易痊愈。孙儿孙女、全家上下包括下人们，一切都相安无事。最近长沙馆要在五月十二日演戏，题名状元、南元、朝元三匾，同一天张挂，很是热闹，这些都是儿子给操办，大家也都乐于捧场。头门的对联是：“同科十进士，庆榜三名元”，真可说是兴盛一景啊！

同乡的邓铁松不幸在京城得了呕血病，情况不是很乐观，大概是很难熬过这一关了。一般同乡有困难的，常常会来找儿子商量。儿子也是效仿当初祖父大人的办法，有钱的出钱，有力的出力，竭尽全力帮着解决。

严丽生帮着九弟进入榜单的前三名，按说我应该给他写一封感谢信。但是因为他平时为官的名声不是太好，所以儿子不愿感谢。不知父亲大人是什么意见？咱家也是当地的名门望族了。遇到什么纠纷事最好不要上衙门解决，免得被那些地方官员所耻笑。就算真的遇上了什么纠纷，咱家情愿吃点亏，也切不可去衙门丢人。别让人说咱家是仗势欺人，伏乞父母亲大人明鉴。

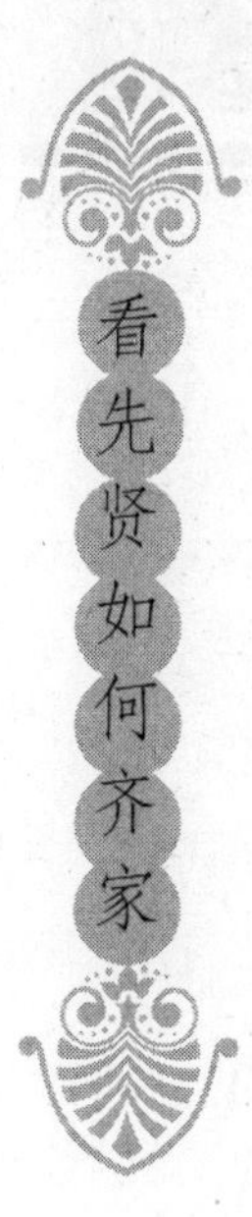

儿子谨禀。

道光二十五年五月二十九日

禀父母

敬请祖父换蓝顶

【原文】

男国藩跪禀父母亲大人万福金安：

二十八日接到手谕，系九月底在县城所发者。男等在京平安。男身上疮毒至今未得全好，中间自九月中旬数日，即将面上痊愈，毫无疤痕，系陈医之力，故升官时召见，无陨越之虞。十月下半月，又觉微有痕迹，头上仍有白皮，身上尚如九月之常，照前七八月，则已去大半矣。一切饮食起居，毫无患苦。

四弟、六弟，用功皆有定课，昨二十八始开课作文。孙男纪泽《郑风》已读毕，《古诗十九首》亦已读毕。男妇及三孙女皆平顺。

前信言宗毅然家银三十两，可将谢山益家一项去还。顷接山益信云，渠去江西时，嘱其子办苏布平元丝银四十两还我家，想送到矣。如已到，即望大人将银并男前信送毅然家。渠是纹银，我还元丝，必须加水，还他三十二两可也。肖辛五处鹿胶，准在今冬寄到。

初十皇太后七旬万寿，皇上率千官行礼，四阿哥皆骑马而来。七阿哥仅八岁，亦骑马雍容，真龙种气象。十五日皇上颁恩诏于太和殿，十六日又生一阿哥。皇上于辛丑年六秩，壬寅年生八阿哥，乙巳又生九阿哥，圣躬老而弥康如此。

男得请封章，如今年可用玺，则明春可寄回；如明夏用玺，则秋间寄回。

然既得诏旨，则虽诰轴未归，而恩已至矣，望祖父先换蓝顶，其四品补服，候男在京补回，可与诰轴并付。湖南各家俱平安，余俟续具。

男谨禀。

道光二十五年十月二十九日

【译文】

儿子国藩跪禀父母大人万福金安：

二十八日接到家里的来信，是九月底在县城所发。儿子还有家人在京城都一切安好。身上得的疮毒，至今还没有全好，不过中间九月中旬的那几天，脸上的已经全部好了，而且也没有留下疤痕，这都是陈医生的功劳。因此我这次承蒙皇上召见时，也没有影响观瞻。十月下半月有几天，似乎脸上又有复发的迹象。而且头上又生了白皮。身体同九月时一样，虽然没好利索，但是和七八月那时比，已好了一大半了。饮食起居，也没有什么妨碍。

四弟、六弟最近上课也很用功，昨天二十八日已经开始上课作文。孙儿纪泽的《郑风》已读完，《古诗十九首》也已读完。媳妇和三个孙女也一切安好。

前次信里有说道，还欠着宗毅然家银子三十两，家里可用谢山益家的那笔钱去还。刚接山益的信说：他去江西时，已经嘱咐他的儿子准备好苏织布并将元丝银四十两送还我家，想必现在也应该到了吧。如果已到，还望父母亲大人将银子和儿子前次的信送到毅然家，当初他给的是纹银，我们还的却是元丝，所以咱必须加钱，就还他三十二两吧。肖辛五处的鹿胶，计划着今年冬天就能寄到。

初十日这天是皇太后七十岁的寿辰，皇上率领百官给太后行礼，四

位阿哥都骑马来。七阿哥只有八岁，但是他也骑着马，雍容焕发，不愧为真龙天子之相啊。十五日，皇上在太和殿颁发恩诏。十六日，皇上又生一阿哥，皇上在辛丑年已年届六十，壬寅年生八阿哥，乙巳年又生九阿哥，皇上虽然年事已高，但身体还是一样的好。

儿子准备着请求封章，如果今年可用玉玺，想着明年春天就可寄回；如果明年夏天用玉玺，那就到明年秋天寄回。既然已得到诏旨，那虽说诰轴没有到，但皇上的恩泽已经到了。所以希望祖父先换蓝顶，其四品补服，官袍素戴，等儿子到京城可和诰轴一起寄回。湖南老乡们一切都安好。其他的等下次继续禀告。

儿子谨禀。

道光二十五年十月二十九日

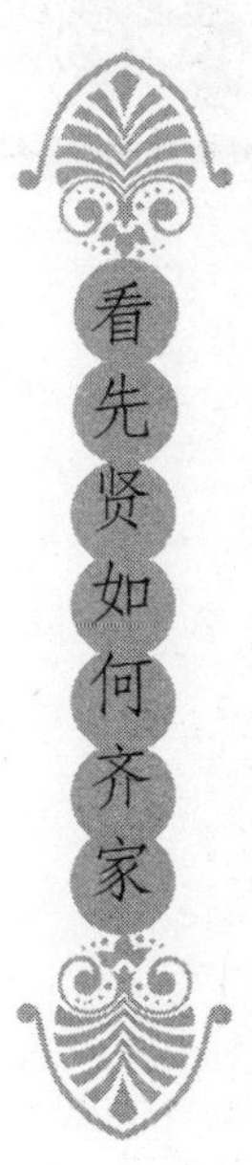

致诸弟

戒除骄矜

【原文】

澄侯、温甫、子植、季洪四位老弟足下：

四月初三日发第五号家信。厥后折差久不来，是以月余无家书。五月十二折弁来，接到家中四号信，乃四月一日所发者，俱悉一切。植弟大愈，此最可喜。

京寓一切平安。癣疾又大愈矣，比去年六月更无形迹；去年六月之愈，已为五年来所未有，今又过之，或者从此日退，不复能为恶矣。皮毛之疾，究不甚足虑，久而弥可信也。

四月十四日考差，题“乐民之乐者，民亦乐其乐”，经文题“必有忍，其乃有济，有容，德乃大”，赋得“濂溪乐处”得“焉”字。

二十六日，余又进一谏疏，敬陈圣德三端，预防流弊，其言颇过激切，而圣量如海，尚能容纳，岂汉唐以下之英主所可及哉！余之意盖以受恩深重，官至二品，不为不尊；堂上则诰封三代，儿子则荫任六品，不为不荣；若于此时再不尽忠直言，更待何时乃可建言？而皇上圣德之美出于天亶，自然满廷臣工遂不敢以片言逆耳，将来恐一念骄矜，遂至恶直而好谀，则此日臣工不得辞其咎。是以趁此元年新政，即将骄矜之机关说破，使圣心日就兢业而绝自是之萌，此余区区之本意也。现在人才不振，皆谨小而忽于大，人人皆趋习脂韦唯阿之风，欲以此疏稍挽风气，冀在廷皆趋于骨鲠，

而遇事不敢退缩，此余区区之余意也。

折子初上之时，余意恐犯不测之威，业将得失祸福置之度外矣，不意圣慈含容，曲赐矜全，自是以后，余益当尽忠报国，不得复顾身家之私矣。然此后折奏虽多，亦断无有似此折之激直者，此折尚蒙优容，则以后奏折必不致或触圣怒可知矣。诸弟可将吾意细告堂上大人，毋以余奏折不慎，或以戆直干天威为虑也。

父亲每次家书，皆教我尽忠图报，不必系念家事。余敬体吾父之教训，是以公而忘私，国而忘家。计此后但略寄数百金偿家中旧债，即一心以国事为主，一切升官得差之念，毫不挂于意中。故昨五月初七大京堂考差，余即未往赶考。

此次所寄折底，如欧阳家、汪家及诸亲族不妨抄送共阅，见余忝窃高位，亦欲忠直图报，不敢唯阿取容，惧其玷辱宗族，辜负期望也。余不一一。

国藩手草。

咸丰元年五月十四日

【译文】

澄侯、温甫、子植、季洪四位老弟足下：

四月初三日发了第五封家信，在此之后信差很久都没有来过，所以这一个多月来，也没有收到一封家信。五月十二日那天，信差终于来了，于是就接到第四封家信，那是四月一日从家里发来的，信的内容我已知晓，植弟的病好了，这是最为可喜的。

京城家里一切都安好，我癣疾的症状最近是大有好转，与去年六月相比，疤痕更少了；去年六月的好转，本已是这五年来从来没有发生过的，而现在的情况比六月的时候情况还要乐观。或者从现在开始一天比一天好，这病便不再为害了。皮肤上的小毛病，不足为虑，经过这几年与病魔的抗争，对此我深信不疑。

四月十四日考差，题目是“乐民之乐者，民亦乐其乐”。经文题目是“必有忍，其乃有济，有容，德乃大”，赋得“濂溪乐处”得“焉”字。

二十六日那天，我又上了一个谏疏，敬陈圣德三端，预防流弊，言词过于激切了些，但皇上还是有着大海一般的度量，万物皆能容纳。这哪里是汉唐以来那些君王所能比的。我的意思是，自己所受的恩泽实在是太深重了，现在官都做到了二品，不能不算是尊贵了；咱们家里则已经封赏了三代，子女们又承荫六品，不可谓不荣耀；假设在这种时候，再不尽忠直言，那还等什么时候进言呢？而皇上德行的博大，是上天赋予他的，整个朝廷的臣子们自然不敢去说他一个不字，恐怕长此下去便骄傲了，以至于不喜欢听刚直批评意见，而喜欢听颂扬吹嘘的话。那么到了那一天，臣子们每个人都有着不可推卸的责任。因此趁咸丰元年实行新政的机会，我把这个关键说破，使皇上心里一天天能兢兢业业，断绝自以为是的思想的萌芽，这是我一点小小的用心。现在国家的人才不振，都在小的地方谨小慎微，而在大的地方疏忽大意。而且现在是人人都习惯了唯唯诺诺、阿谀奉承。我想着能通过自己的这个折子稍微挽回一些风气，使这些有用之人敢于在朝廷里说真话，以后遇事也不再退缩，这是我一点小小的意图而已。

折子刚呈上时，我还担心可能会惹恼皇上。不过我早已将个人的安危置之度外。没料到皇上能包涵下来，并未追究我的罪名。所以从今以后，我更需要尽忠报国，也不会再去为自己的身家性命这种私事而担忧了。不过以后的折奏虽然多了，但我也没有像这次这样言辞激烈的。既然上次言辞激烈的折子，皇上都能宽容对待，那么以后的折子皇上更加不会犯怒了。弟弟们可将这个意思告诉家里的长辈，让他们不必为我上折子的事过于忧虑。

父亲每次给我的来信里，无时无刻地在提醒我一定要尽忠报国，不必挂念家里。我深刻体会到了父亲的教诲，因此我公而忘私，因国而忘家。今后，我准备往家里多寄几百两银子，来清还家里的旧债，剩下的时间，我要一心一意为国家做事，什么升官发财的念头，我都不想让这些事情来影响到我。所以上回五月初七大京堂考差，我便没有去赴考。

这次我给家里的寄信，不妨抄一份送给欧阳家、汪家以及各亲戚族人都看一看，让他们也知道虽然我身居高位，但是从来都没有忘记报国，也没有阿谀奉承，那样只会玷污我家族的名声，辜负祖宗的期望。其余的在这就不再一一写了。

国藩手草。

咸丰元年五月十四日

致诸弟

详述办理巨盗及公议粮饷事

【原文】

澄侯、温甫、子植、季洪四位老弟足下：

八月十四日发第九号信，至十七日接到家信第七、第八号，欣悉一切。

左光八为吾乡巨盗，能除其根株，扫其巢穴，则我境长享其利，自是莫大荫功。第湖南会匪，所在勾结，往往牵一发而全身皆动。现在制军程公特至湖南，即是奉旨查办此事。盖恐粤西匪徒穷窜，一入湖南境内，则楚之会匪因而窃发也。左光八一起，想尚非巨伙入会者流，然我境办之，亦不可过激而生变。现闻其请正绅保举，改行为良，且可捉贼自效，此自一好机会。万一不然，亦须相机图之，不可用力太猛，易发难收也。

公议粮饷一事，果出通邑之愿，则造福无量。至于帮钱垫官之亏空，则我家万不可出力。盖亏空万六千两，须大钱三万余千，每都畿须派千串。现在为此说者，不过数大绅士，一时豪气，为此急公好义之言。将来各处分派，仍是巧者强者少出而讨好于官之前，拙者弱者多出而不免受人之勒。穷乡殷实小户，必有怨声载道者矣。且此风一开，则下次他官来此。既引师令之借钱办公为证，又引朱令之民帮垫亏为证，或亦分派民间出钱帮他，反觉无辞以谢。若相援为例，来一官帮一官，吾邑自此无安息之日矣。

凡行公事，须深谋远虑。此事若各绅有意，吾家不必拦阻；若吾家倡议，则万万不可。且官之补缺皆有呆法，何缺出轮何班补，虽抚藩不能稍为变

动。澄弟在外多年，岂此等亦未知耶？朱公若不轮到班，则虽帮垫亏空，通邑挽留，而格于成例，亦不可行；若已轮到班，则虽不垫亏空，亦自不能不补缺。间有特为变通者，督抚专折奏请，亦不敢大建成例。季弟来书，若以朱公之实授与否，全视乎亏空之能垫与否，恐亦不尽然也。

季弟有志于道义身心之学，余阅其书，不胜欣喜。凡人无不可为圣贤，绝不系乎读书之多寡。吾弟诚有志于此，须熟读《小学》及《五种遗规》二书，此外各书，能读固佳，不读亦初无所损，可以为天地之完人，可以为父母之肖子，不必因读书而后有所加于毫末也。匪四六古诗可以不看，即古文为吾弟所愿学者，而不看亦是无妨，但守《小学》《遗规》二书，行一句算一句，行十句算十句，贤于记诵词章之学万万矣。

季弟又言愿尽孝道，惟亲命是听，此尤足补我之缺憾。我在京十余年，定省有阙，色笑远违，寸心之疚，无刻或释。若诸弟在家能婉愉孝养，视无形，听无声，则余能尽忠，弟能尽孝，岂非一门之祥瑞哉？愿诸弟坚持此志，日日勿忘，则兄之疚可以稍释，幸甚幸甚！书不上一，余俟续具。

国藩手草。

咸丰元年八月十九日

【译文】

澄侯、温甫、子植、季洪四位老弟足下：

八月十四日我已寄出了第九封信，而到十七日接到第七封、第八封家信，看了信里的内容，我异常开心。

左光八这小子是咱们家乡知名的大盗，现在能够斩草除根，拔除了他的巢穴，那么咱们的家乡将会比以前更加的安泰，这也是有益乡里的大功德。只是湖南的会党帮匪，互相勾结，往往是牵一发而动全身，现在制军的程公，特地到湖南，就是奉了圣旨查办这件事，因为恐怕粤西的匪徒逃窜，一旦窜入湖南境内，那么湖南、湖北的会党，说不定也一同作乱。左光八这一股，我想还不是大团伙，然而我们家乡去惩办他也不可以因太过激而使他发生变故，又听说他们请来了知名的绅士出面为他们作保，保证以后洗心革面，重新做人，而且还愿意出力为朝廷除贼，这种机会是很难得的。即便这个方法最后行不通，也不能太过刚强，瞅准时机智取为上。攻取贼巢容易，收拾残局便难了。

关于公议粮饷这件事，如果真的是乡里大家一致的意见，那么这样的事情所带来的福气是不可限量的。假如官府要求大家兑钱的话，咱们家里可万万不能出力办事，因亏空一万六千两，要大钱三万多千，京城地区每户都要摊派千串，现在提出这项建议的人，不过是几个大绅士，一时夸下的海口，出此急公好义的计议。将来各处分派的结果，仍旧是取巧的人、富有的人出得少，却在官府面前讨好；笨拙的人、弱小的人出得多，还不免受别人的勒索。穷乡僻壤的殷实小户，一定会怨声载道。并且，这种风气一开，则下次其他官员来了，便会引用这个借钱办公为例证，又引用朱县令百姓出钱垫付官府亏空为例证，也分派民间出钱帮他，那时反而没有话好拒绝人家。如果长此相援为例，来一个官员，百姓就得放一次血，那以后咱怎么还能有安生日子呢?

凡是办公事，一定要深谋远虑，比如这件事如果绅士们有意承办的话，我家也不需要去拦阻，但假如谁要是倡议让我们家带头的话，我们绝对不可扛这个梁子。官员的补缺，都有一定的规矩，哪儿地方缺了，轮到哪个班次，就由哪个班次去补。即便是抚台衙门也无权利改动。澄弟在外多年，难道这些事都不知道吗?朱公如果没有轮到班，那虽说帮他垫付了亏空，全县的人都挽留，但因为受限于惯例，他也无法留住；如果已经轮到班，那虽说咱们不垫付亏空，他自己也自然不能不补这个缺。间或有特别变通办理的，要督抚专门写奏折请示，恐怕也不敢依此成例。季弟来信说，朱公能否留任，关键看他能不能将亏空补上，恐怕真实情况不尽是这样的吧。

季弟有志于仁义道德、修身养性的志向，我为你感到非常的高兴。凡人也都可以做圣人贤者，这也决不在于读书的多少。如果弟弟真的有这样的志向，那就要熟读《小学》及《五种遗规》两书，除此之外其他的各书能读那当然是最好了，不读也没有什么遗憾的。咱们可以做世间道德完善的人，也可以做父母膝下孝顺的儿子，不会因为读书少而被人诟病。不但四六古诗可以不看，就是弟弟喜欢的古文也可以不看。只要谨守《小学》及《五种遗规》二书，实行一句算一句，实行十句算十句，这比死读书强过万倍。

季弟又说愿意尽孝道，侍奉双亲，这尤其能弥补我对家人的遗憾。我在京城十多年，侍奉堂上大人有遗憾，久不在父母身边侍奉双亲，内心十分惭愧，没有一天可以放下这桩心病。如弟弟们在家，能够委婉取悦孝顺堂上大人，一点一滴，在默默地实行，那么，我能尽忠，弟弟能尽孝，忠孝两全，这难道不是家门的祥瑞吗？愿弟弟你能坚持这个远大的志向，每天都不要遗忘，那么哥哥的心病也可有所释怀，有这样的弟弟是我的幸运！不一一写了，其余以后再写。

国藩手草。

咸丰元年八月十九日

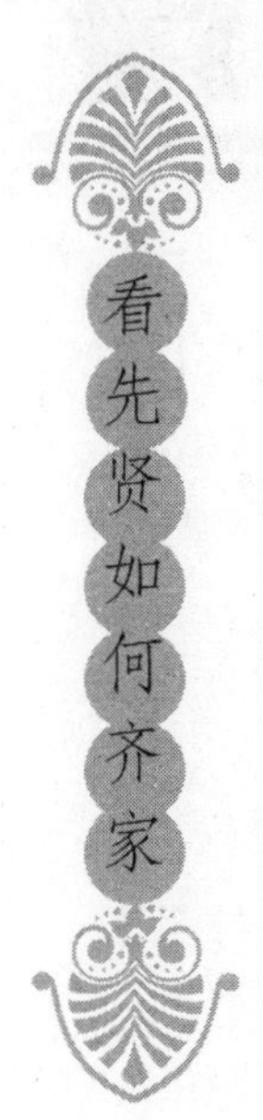

致诸弟

喜闻九弟得优贡

【原文】

澄侯、温甫、子植、季洪四位老弟足下：

二十六日王如一、朱梁七至营，接九月初二日家书，二十九日刘一、彭四至营，又接十六日家书，俱悉一切。沅弟优贡喜信，此间二十三日彭山屺接家信，即已闻之。二十七日得左季高书，始知其实。二十九日得家书乃详也。沅弟在省，寄书来江西大营甚便，何以未一字报平安耶？在省城刊刻朱卷，应酬亲友，计非一月不能了办，十月初当可回家，为父亲叩祝大寿。各省优贡朝考，向例在明年五月，沅弟可于明年春间进京。若由浙江一途，可便道由江西至大营，兄处聚会。吾有书数十箱在京，无人照管，沅弟此去，可经理一番也。

自七月以来，吾得闻家中事有数件可为欣慰者：温弟妻妾皆有梦熊之兆，足慰祖父母于九泉，一也；家中妇女大小皆纺纱织布，闻已成六七机，诸子侄读书尚不懒惰，内外各有职业，二也；阖境丰收，远近无警，此间兵事平顺，足安堂上老人之心，三也。今又闻沅弟喜音，意吾家高曾以来，积泽甚长，后人食报，更当绵绵不尽。吾兄弟年富力强，尤宜时时内省，处处反躬自责，勤俭忠厚，以承先而启后，互相勉励可也。

内湖水师久未开仗，日日操练，夜夜防守，颇为认真。周凤山统领九江陆军，亦尚平安。李次青带平江勇三千在苏官渡，去湖口县十里，颇得

该处士民之欢心。茶陵州土匪，问窜扰江西之莲花厅永新县境内，吉安人心震动。顷已调平江勇六百五十人前往剿办，又派水师千人往吉防堵河道，或可保全。

余癣疾迄未大愈，幸精神尚可支持。王如一等来，二十四日始到。余怒其太迟，令其即归，发途费九百六十文，家中不必加补，以为懒惰者戒。宽十在营住一个月，打发银六两，途资四千。罗山于十四日克复崇阳后，尚无信来。罗研生兄于今日到营。纪泽、纪梁登九峰山诗，文气俱顺，且无猥琐之气，将来或皆可冀有成立也，余不一一。

咸丰五年九月三十日书于屏风水营

【译文】

澄侯、温甫、子植、季洪四位老弟足下：

二十六日，王如一、朱梁七到来到军营，才接到九月初二那天的家信。二十九日，刘一、彭四到营，又接到了十六日发的家信，信里的内容我已全知晓。喜闻沅弟得优贡，这件事通过二十三日彭山屺的家信，就已经听说。二十七日那天，我收到了左宗棠的信，这才知道消息属实。后又在二十九日收得家信，具体情况我才知晓。沅弟到省，寄信到江西大营很方便，为什么没有一个字报平安呢？在省城刊刻朱卷，应酬亲朋好友，估计没有一个月是办不完的，十月初应当可以回家，向父亲叩问庆祝大寿。各省优贡朝考，惯例在明年五月。而沅弟可以在明年春天到京城，如果走的是浙江这条路线，顺便可到我大营，我们兄弟一聚。在京城我有几十箱子书一直无人整理，这次弟弟上京城可料理一番。

自七月份以来，我所听到的家里有几件事情是令我很欣慰的：温弟的妻妾有生男孩的吉兆，这足以告慰九泉之下的祖父母了，这是第一喜；家

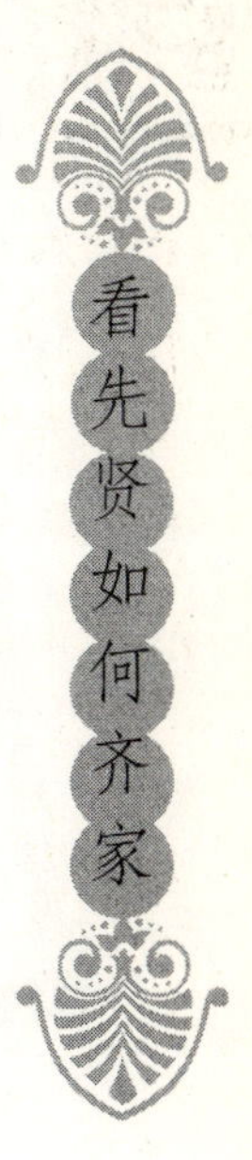

中妇女大小都纺纱织布，听说已完成六、七机，子侄们读书还不懒惰，内外各有职司，这是第二喜；家乡丰收，远近没有盗贼，我这边战事也比较平顺，足以安慰堂上长辈们的心，这是第三喜。现在又听到沅弟的喜讯，我想我家从高、曾祖以来，积的德泽长久，因此后人所得到的福气也是绵绵不断。我们兄弟几个是年富力强的，正因为如此我们才更应该时常反省自己，只有做到勤俭忠厚，承先启后，我们才能互相勉励，这个家族才能长久地兴旺。

内湖的水师很长时间都没有打仗了，在这里天天操练，夜夜的防守，大家都是非常的认真。周凤山现在统领着九江的陆军，暂时一切都还算是平安。李次青带平江士兵三千人在苏官渡，离湖口县也就是十里路程，而且他在那里很受士民的欢迎。茶陵州的土匪，听说逃窜到江西莲花厅永新县境内，吉安的民众大多受了惊吓。刚刚已调平江兵六百五十人去剿办安抚，后来又派水师一千人前往吉安防守那里的河道，这样应该保证万无一失。

我的癣症至今没有痊愈，幸亏这病没影响到我的精神状态。王如一等人来我这了，他们是二十四日才到的。我对他们发了脾气，说他们行动太过迟缓，后来又叫他赶紧回去，给他们发了九百六十文的路费，家里不必加钱给他，也算是对他这种懒惰的人一种惩戒吧。宽十在军营里住了有一个月，打发给他了六两银子，路费是四千。罗山于十四日收复了崇阳后，至今还没有书信来到。罗研生兄于今日到营。纪泽、纪梁登九峰山诗，文气还算是顺当，且没有猬琐的气息，将来或许还能期待有点成就。其他的就不一一多写了。

咸丰五年九月三十日书于屏风水营

用人篇

致九弟

愧对江西绅士

【原文】

沅甫九弟左右：

十九日亮一等归，接展来函，具悉一切。临江克复，从此吉安当易为力，弟黾勉为之，大约明春可复吉郡，明夏可克抚、建。凡兄所未了之事，弟能为我了之，则余之愧憾可稍减矣。

余前在江西，所以郁郁不得意者，第一不能干预民事，有剥民之权，无泽民之位，满腹诚心，无处施展。第二不能接见官员，凡省中文武官僚，晋接有稽，语言有察。第三不能联络绅士，凡绅士与我营款惬，则或因而获咎。坐是数者，方寸郁郁，无以自伸；然此只坐不宜驻扎省垣，故生出许多烦恼耳。弟今不驻省城，除接见官员一事毋庸议外，至爱民、联绅二端，皆可实心求之。

现在饷项颇充，凡抽厘劝损，决计停之，兵勇扰民，严行禁之，则吾夙昔爱民之诚心，弟可为我宣达一二。吾在江西，各绅士为我劝捐八九十万，未能为江西除贼安民。今年丁忧，奔丧太快，若恝然弃去，置绅士于不顾者，此余之所悔也。若少迟数日，与诸绅往复书问乃妥。弟当为余弥缝此阙，每与绅士书札往还，或接见畅谈，具言江绅待家兄甚厚，家兄抱愧甚深等语。

就中如刘仰素、甘子大二人，余尤对之有愧。刘系余请之带水师，三

年辛苦，战功日著，渠不负吾之知，而余不克始终与共患难，甘系余请之管粮台，委曲成全，劳怨兼任，而余以丁忧遽归，未能为渠料理前程。此二人皆余所惭对，弟为我救正而补苴之。

余在外数年，吃亏受气，实亦不少，他无所惭，独惭对江西绅士，此日内省躬责己之一端耳。弟此次在营，境遇颇好，不可再有牢骚之气，心平志和，以迓天休，至嘱至嘱！

承寄回银二百两，收到。今冬收外间银数百，而家用犹不甚充裕；然后知往岁余之不寄银回家，不孝之罪，上通于天。四宅大小平安，余日内心绪少佳，夜不成寐，盖由心血积亏，水不养肝之故。春来当好为调理。

咸丰七年十二月二十一日

【译文】

沅甫九弟左右：

十九日那天早上亮一等人回来，你的信件我已收到，具体情况我已知晓。临江一旦攻克，剩下的拿下吉安也不再是什么难事，所以弟弟可根据情况自行谨慎处理。估计明年春天吉安即可收复，到了夏天抚州、建州也可一并拿下。凡是兄长我未能完成的事业，希望兄弟你能帮我达成，这样我心里也能得到一些的安慰，减轻我的一些愧疚。

之前我在江西的时候，郁郁寡欢的原因有三个：第一，作为军中要员的我，竟然无权干预民事，虽然我有对民众的生杀大权，但是却无权施恩于民，我一肚子的仁爱却无用武之地，不免让人有些伤感；第二，不能接见各地的官员，凡是省里的各级文武官员，接见工作有稽查，语言有监察；第三，规定不能与乡绅有什么往来，凡是与我有往来的地方乡绅，都或多或少有了麻烦。因为这几个原因我常常郁郁寡欢，无处申诉，这不过是我不适应在省城驻军因而生出的烦恼罢了。弟弟你如今不在省城驻军了，估记除了接见官员一事之外，施恩于民，和乡绅正常的来往，都可以安心为之。

现在军队里的粮饷还算充足。所以凡是抽厘金和劝捐款的活动，都应该坚决取消。要严格约束士兵对百姓的滋扰。我一向以来的爱民之诚心，弟弟可以为我宣传转达一二。我在江西，乡绅们为我捐了八九十万，我却没能铲除江西的贼患、安抚江西的百姓。今年奔丧太快，我突然离开而置乡绅们于不顾，使我悔恨异常。假如我能晚几天奔丧，和当地的乡绅解释清楚缘由，或许这才是最稳妥的做法。因此，我希望弟弟能代替我去弥补我的这个过失。在与乡绅书信往来或接见畅谈时，多替为兄解释一番，江西各位乡绅对家兄十分厚待，家兄深感愧疚等话。

其中刘仰素、甘子大两位，我尤其觉得对他们有愧。我请刘仰素统领水师，他辛苦干了三年，战功卓著，一点没有枉负我对他的知遇之恩，谁曾想最后我却不能和他患难始终。我请甘子大掌管粮台，他不畏辛苦，任劳任怨，而我却半路突然回家守制，未能替他料理好前程。因此我愧对这两人，所以这样的遗憾，弟弟你要替我弥补。

我在外面这几年来，没少吃亏受气，不过其他的倒是没有什么觉得有愧的事，唯有对江西绅士怀有愧意，对此，我也是每日自我反省。这次弟弟再进军营，现在的情势一片大好，你也不应再有怨言。遇事要心态平和，珍惜这上天赐给你的好机会。切记切记！

你寄来的二百两银子我已收到。今冬外借的银子有几百两已经收回，但是家里还是不太宽裕，由此我知道之前我未往家里寄钱，这份不孝实在已上通至天。咱四家老幼都好，不过就是我最近情绪不佳，而且晚上又有点失眠，大概是心血积亏，水不养肝的缘故，等到来年春天我再好好调理一下。

咸丰七年十二月二十一日

与沅弟书

时时不忘求人自辅

【原文】

沅甫九弟左右：

四月初五日得一等归，接弟信，得悉一切。兄回忆往事，时形悔艾，想六弟必备述之。弟所劝譬之语，深中机要。“素位而行”一章，比亦常以自警。只以阴分素亏，血不养肝，即一无所思，已觉心慌腹空，如极饿思食之状。再加以憧扰之思，益觉心无主宰，怔悸不安。

今年有得意之事两端。一则弟在吉安声名极好。两省大府及各营员弁、江省绅民交口称颂，不绝于吾之耳；各处寄弟书，及弟与各处禀牍信缄俱翔实妥善，犁然有当，不绝于吾之目。一则家中所请邓、葛二师品学俱优，勤严并著。邓师终日端坐，有威可畏；文有根底而又曲合时趋，讲书极明正义而又易于听受。葛师志趣方正，学规谨严；小儿等畏之如神明，而代管琐事亦甚妥贴。此二者皆余所深慰。虽愁闷之际，足以自宽解者也。第声闻之美，可恃而不可恃。兄昔在京中颇著清望，近在军营亦获虚誉。善始者不必善终，行百里者半九十里。誉望一损，远近滋疑。弟目下名望正隆，务宜力持不懈，有始有卒。

治军之道，总以能战为第一义。倘围攻半岁，一旦被贼冲突，不克抵御，或致小挫，则令望隳于一朝。故探骊之法，以善战为得珠；能爱民为第二义；能和协上下官绅为第三义。

愿吾弟兢兢业业，日慎一日，到底不懈。则不特为兄补救前非，亦可为吾父增光于泉壤矣。精神愈用而愈出，不可因身体素弱过于保惜；智慧愈苦而愈明，不可因境遇偶拂遽尔摧沮。此次军务，如杨、彭、二李、次青辈，皆系磨炼出来，即润翁、罗翁亦大有长进，几于一日千里，独余素有微抱，此次殊乏长进。弟当趁此番增识见，力求长进也。

求人自辅，时时不可忘此意。人才至难，往时在余幕府者，余亦平等相看，不甚钦敬。洎今思之，何可多得！弟常常以求才为急，其阘冗者，虽至亲密友，不宜久留。恐贤者不愿共事一方也。

澄侯弟初九日晋县，系刘月槎、朱尧阶等约去清算往年公账。泽山先生近日小疾，服黄芪两余，尚未痊愈。请甲五在曾家坳帮同背书。如再数日不愈，拟令科四来从邓先生读，科六则仍从甲五读；若渐愈，则不必耳。纪泽近亦小疾，初八日两人皆停课未作。纪泽出疹，咳嗽亦难遽期全瘳。余自四月来眠兴较好，近读杜佑《通典》，每日二卷，薄者三卷。唯目力极劣，余尚足支持。四宅大小眷口平安。定三舅爹三月十六来，四月初六归去，在新宅住四天，余住老宅。王福初十赴吉安，另有信，兹不详。

兄国藩草。

咸丰八年四月初九日

【译文】

沅甫九弟左右：

四月初五那天，得一等人已回，接到你的来信，信里的内容我都已知晓。有时回忆往事时，我会经常悔恨，想必六弟温甫他也一定向家人介绍过了吧。你劝解我的那些话，实际上正好是切中要害。“根据自己的地位而行事”一句话，过去我也常拿来勉励自己。只不过平时阴虚，血不养肝，即便是无聊的什么也不去想，可还是会觉得心慌腹空，就像是几天都没有

吃饭了一样的饿。再加上乱七八糟的事，为此我常常觉得六神无主、心悸不安。

今年有两件让我很得意的事情。第一是弟弟在吉安有了极好的名声。为此两省官员和各级军营的将官与江西的乡绅百姓无不交口称赞的，其夸赞声不断传到我的耳朵里；各地寄给你的书信，还有你寄给各处的往来书信，写得都非常切合实际，明确且得当，这些让人高兴的信件也不断出现在我的眼前。第二件就是家里请来的邓先生、葛先生都是人品、学问兼优，勤奋、严谨并重的好老师。邓先生每天端坐静思，令人敬畏；学问扎实而又能跟随时代趋势，讲解古书意义非常准确而又容易听懂。葛先生志向、人品端正，教学规制严格；小孩子们敬畏他就像敬畏神灵一样，代管家中琐事也很妥帖。这两点都是我深深感到欣慰的。即使在愁闷之时，也能自我宽慰开解。声誉好，这个可以仰仗却又不能依仗。过去我在京城里颇有名望，近来在军营里也获得了名誉。拥有好的开端，但不一定就能有一个有好的结果；行百里者半九十。名誉和威望一旦受到轻微的损失，不管是远方的朋友，还是身边的亲人都会对你产生很大的怀疑。弟弟你眼下名望正高，做事务必要坚持不懈，有始有终才行。

在治理军队上面，能打胜仗才是最重要的。假如你对敌人围攻了半年，一旦被贼军冲破包围圈，你的军队又不能抵御，或者即便是小的挫败，那也会使你的名望一落千丈。所以带兵的关键就在于训练一支善于作战的部队。其次就是你的部队要能以爱护百姓为荣，最后一点就是要和当地的官员和乡绅处理好关系。

希望弟弟你在以后的日子里能兢兢业业，谨慎是一天胜似一天，坚持到底不松懈。这样不仅可以为我以前的过失做补偿，也可告慰我们九泉之下的父亲，为我们家族光宗耀祖。精神这个东西越用越好，因此不要因为身体虚弱而过于爱惜。同样的道理，智慧方面是越吃苦就会越聪明，不要因为境遇偶尔不顺利而变得沮丧。这次军事行动，像杨、彭、二李、次青等，他们都是磨炼出来的。即使胡老先生、罗老先生，这二位也是大有长进，那几乎是一日千里的速度。唯独我平素虽有微小抱负，但这次我的进步是特别的小。你应当趁此机会增长见识，力求上进。

求人自辅，可时刻不能忘了这个道理。人才难得这句话真的很对。过去我在军营里的时候，我也还能做到对他们一视同仁，今天想起这事，我才后悔自己当初的选择。那些可敬可佩的人，一旦错过就不会再有了。弟弟应以访求人才为当务之急，军营中庸碌多余的人，就算是至亲密友，也不宜久留。恐怕真正的贤者不肯前来共事。

初九那天，澄侯弟进城来了，他是受刘月槎、朱尧阶等人的邀请，去清算一下往年的那些公账。泽山先生最近得了些小病，服用了一两多的黄芪，可也没见病情好利索。请甲五在曾家坳一起学习。如果再过几天还不好，打算让科四来跟邓先生读，科六仍然跟甲五读；如果渐渐地好起来，那就不必了。纪泽近日也得了小病，初八两个人都停课没写作。纪泽出疹子，咳嗽也难在短期内治好。我从四月以来睡眠和精神已经变得很好，近来读杜佑的《通典》，每天两卷，薄一点的读三卷。只是视力极弱，其余还能勉强支持。家里的男女老少一切安好。定三舅舅三月十六来这住了些日子，在新宅住了四天，其余时间都住在老宅。四月初六那天，他就回去了。王福初十去的吉安，详情在附信里有详细说明，这里就不细说了。

兄国藩草书

咸丰八年四月九日

致九弟季弟
述杨光宗不驯

【原文】

沅、季弟左右：

初九日连接初四、六日一缄，具悉一切。

出队以护百姓收获甚好，与吉安散耕牛籽种用意相似。吾辈不幸生当乱世，又不幸而带兵，日以杀人为事，可为寒心，惟时时存一爱民之念，庶几留心田以饭子孙耳。

杨镇南子哨官杨光宗，头发横而盘，吾早虑其不驯。杨镇南不善看人，又不善断事，弟若看有不妥洽之意，即饬令仍回兄处，另拨一营与弟换可耳。

吾于初十日至历口，十一日拟行六十里，赶到祁门县。十二日先太夫人忌辰，不欲纷纷迎接应酬也。宁国府一军紧急之至，吾不能拨兵往援，而拟少济之以饷，亦地主之道耳。

咸丰十年六月初十日

【译文】

沅甫弟、季洪弟左右：

初九日连续接到你们初四、初六日的信，已知晓一切。

带兵用以保护老百姓收割庄稼，很好。与吉安散发耕牛及种子的用意相同。我们不幸生于乱世，又不幸带兵打仗，每天以杀人为要事，实在寒心！唯有每时每刻在心里存有一丝爱民的念头，差不多还能留点心意以便造福子孙。

杨镇南的儿子、也就是哨官杨光宗，那小子头发又横又粗，桀骜不驯，我早就料到他会不服你的管教。杨镇南看人的眼光有问题，而且加上他这人又不善于处理事情，是很容易出乱子的。假如弟弟看到他那里有什么不对头的地方，可立即将他返回我这里，我会另拨一个营交给弟弟。

初十左右，我就可赶到历口。而且我打算日行六十里，在十一日这天赶到祁门县。十二日，是先太夫人的忌辰，我不想去纷纷迎接应酬。宁国府一军的形势非常紧急，可我不能调兵去增援他们。所以只有给他们接济一些军饷，就当是尽了地主之谊吧。

咸丰十年六月初十日

养心篇

日课四条
——慎独主敬，求仁习劳

【原文】

一曰慎独则心安：自修之道莫难于养心。心既知有善有恶而不能实用其力，以为善去恶，则谓之自欺。方寸之自欺与否，盖他人所不及知，而己独知之，故《大学》之诚意章，两言慎独。果然“好善如好好色，恶恶如恶恶臭”，力去人欲以存天理，则《大学》之所谓“自慊”，《中庸》之所谓“戒慎恐惧”，皆能切实行之，即曾子之所谓“自反而缩”，孟子所谓“仰不愧，俯不怍”，所谓“养心莫善于寡欲”，皆不外乎是。故能慎独，则内省不疚，可以对天地，质鬼神，断无“行有不慊于心则馁”之时。人无一内愧之事，则天君泰然，此心常快足宽平，是人生第一自强之道，第一寻药之方，守身之先务也。

二曰主敬则身强：“敬”之一字，孔门持以教人，春秋士大夫亦常言之。至程朱则千言万语，不离此旨。内而专静纯一，外而整齐严肃，敬之工夫也。出门如见大宾，使民如承大祭，敬之气象也。修己以安百姓，笃恭而天下平，敬之效验也。程子谓：“上下一于恭敬，则天地自位，万物自育，气无不和，四灵毕至。聪明睿智，皆由此出，以此事天飨帝。”盖谓敬则无美不备也。吾谓“敬”字切近之效，尤在能固人肌肤之会，筋骸之束。庄敬日强，安肆日偷，皆自然之征应。虽有衰年病躯，一遇坛庙祭献之时、

战阵危急之际，亦不觉神为之悚，气为之振。斯足知敬能使人身强矣。若人无众寡，事无大小，一一恭敬，不能懈慢，则身体之强健，又何疑乎？

三曰求仁则人悦：凡人之生，皆得天地之理以成性，得天地之气以成形。我与民物，其大本乃同出一源。若但知私己而不知仁民爱物，是于大本一源之道已悖而失之矣。至于尊官厚禄，高居人上，则有拯民溺救民饥之责。读书学古，粗知大义，即有觉后知觉后觉之责。若但知自了，而不知教养庶汇，是于天之所以厚我者，辜负甚大矣。孔门教人，莫大于求仁，而其最切者，莫要于“欲立立人，欲达达人”数语。立者自立不惧，如富人百物有余，不假外求；达者，四达不悖，如贵人登高一呼，群山四应。人孰不欲己立己达，若能推以立人达人，则与物同春矣。后世论求仁者，莫精于张子之西铭，彼其视民胞物与，宏济群伦，皆事天者性分当然之事，必如此，乃可谓之人，不如此，则曰悖德，曰贼。诚如其说，则虽尽立天下之人，尽达天下之人，而曾无善劳之足言，人有不悦而归之者乎？

四曰习劳则神钦：凡人之情莫不好逸而恶劳。无论贵贱智愚老少，皆贪于逸而惮于劳，古今之所同也。人一日所着之衣，所进之食，与一日所行之事，所用之力相称，则旁人韪之，鬼神许之，以为彼自食其力也。若农夫织妇终岁勤动，以成数石之粟，数尺之布；而富贵之家，终岁逸乐，不营一业，而食必珍羞，衣必锦绣，酣豢高眠，一呼百诺，此天下最不平之事，鬼神所不许也！其能久乎？古之圣君贤相，若汤之昧旦不显，文王日昃不遑，周公夜以继日，坐以待旦，盖无时不以勤劳自励。《无逸》一篇，推之于勤则寿考，逸则夭亡，历历不爽。为一身计，则必操习技艺磨练筋骨，困知勉行，操心危虑，而后可以增智慧而长才识；为天下计，则必己饥己溺，一夫不获，引为余辜。大禹之周乘四载，过门不入；墨子之摩顶放踵，以利天下；皆极俭以奉身，而极勤以救民。故荀子好称大禹、

墨翟之行，以其勤劳也。

军兴以来，每见人有一材一技，能耐艰苦者，无不见用于人，见称于时。其绝无材技、不惯作劳者，皆唾弃于时，饥冻就毙。故勤则寿，逸则夭；勤则有材而见用，逸则无能而见弃，勤则博济斯民，而神祇钦仰；逸则无补于人，而神鬼不钦。是以君子欲为人神所凭依，莫大于习劳也。

余衰年多病，目疾日深，万难挽回。汝及诸侄辈，身体强壮者少。古之君子修己治家，必能心安身强，而后有振兴之象；必使人悦神钦，而后有骈集之祥。今书此四条，老年用自儆惕，以补昔岁之愆，并令二子各自勖勉。每夜以此四条相课，每月终以此四条相稽。仍寄诸侄共守，以期有成焉。

【译文】

第一点，保持慎独，心里才能安稳。自我修养的精髓就在于养心。每个人的心里都是善恶并存的。但是如果不能真正惩恶扬善，那就等于是在自欺欺人。究竟是不是自欺，这种事别人不知，只有你自己知道。所以，《大学》中“诚意”这一章节里，两次都谈到了慎独。如果一个人真能做到将善看做美色一样喜欢，将恶看做像大粪一样讨厌，去除个人的欲望而只存天理，如此一来，《大学》里所谈到的“自慊”，《中庸》里所说的“戒慎恐惧”，自然也就迎刃而解了。这就是曾子所说的“自反而缩”，孟子所说的“仰不愧，俯不怍”，所谓“养心莫善于寡欲”，讲的都不外乎是这个道理。因此，如果能做到真正的慎独，自己在检讨自己时就绝对不会有自责或是自惭的情绪发生。无愧于天地鬼神，心胸坦荡，绝不会有

"行有不慊于心则馁"的时候。人如果内心有愧的事一件也没有，则天君泰然，心里常常感到快意满足且宽厚平顺，这是人生的第一自强之道，第一寻药之方，那就是先要学会守身。

第二点是主敬，主敬可以使人们的身体强健。"敬"这个字，正是孔子、孟子用来教育人的，春秋时期的那些士大夫们也经常提到，直到后来的二程与朱熹，他们所说的众多观点更是离不开"敬"的主旨。内心纯一安静，没有丝毫的杂念，从外表上显得严肃庄重，这就是敬的作用。每次出门，就如同是去面见重要的客人；治理百姓，就好像是要参加庄重的祭祀活动，这就是敬的气象。内心修养以安天下百姓，诚笃恭敬则天下太平，这就是敬的作用。程子说："如果上上下下都恭敬，那么，天地自安本位，万物自己化育，风调雨顺，各种祥瑞都会出现，人的聪明睿智，也都由此而产生。以此敬侍奉上天，使上天感到满意。"所以说敬则一切美事都会齐备。我认为"敬"对人们最切近的功效，尤其在能使人身体健康。人若庄敬，身体就越来越强，人若贪图安逸，身体则越来越差。这都是自然而然的事情。即使已是年迈多病，但一遇到坛庙祭祀等重大活动，或者是在战场上碰到危急时刻，也会觉得精神为之一振，仅这点就足以证明"敬"能够使人身体强壮。假如一个人无论是在人前，还是独处，大事小情都能恭恭敬敬地做，这期间未有丝毫懈怠，那么身体也就必然康健，这是毫无疑问的。

第三点，追求仁，可以让人们更加感受到生活的快乐。每个人的出生，都是禀赋天地之理而成性，得到天地的灵气而成形。我们与寻常百姓及世间万物，从根本上都是同出一源。如果只知道爱惜自己，却无视其他万物的好坏，那么本质上就违背了同一的根本。对于那些高官厚禄、身居高位的官员来说，在拿着优厚俸禄的同时，也必须担负起拯救万民于溺水与饥寒交迫之中的职责。读书人知道古人圣贤的真理，就有义务将这些真理教导给那些还不明大仁大义的人。假如只知道个人的完善，却不去教养百姓，那么就太有负于上天对我的厚待了！儒学思想，其中最重要的就是要学会以仁待人。而其中最贴切的说法莫过于“欲立立人，欲达达人”等语。自立的人，独立不惧，好比富人自己百物有余，不需要有求于外人；达者，四处行走无阻，就好比贵人登高一呼，群山四应。谁不愿立自自达呢？但如果能推己及人，帮助他人自立通达，那么，自身就与外界的万事万物都和谐一体，共同发展了。后世在谈论追求仁的人里面，至今还没有超过张载的《西铭》的。在他看来，推仁于百姓与世间万物，广济天下苍生，都是敬事上天的人理所应当做的事。只有这样做，才算是人，否则就违背了做人的准则，只能算贼。假如人们真的可以如张载讲的那样做，那么天下之人还有谁不能成功？任劳任怨地成就别人的成功，天下还有谁能不心悦诚服地拥戴他呢？

第四条，勤劳的人，就连那神明也会佩服。好逸恶劳是每个人的天性，不论是男是女、是老是少、是智是愚，骨子里都贪图安逸而害怕劳苦，从古至今都是这样。一个人一日所穿衣物，所吃食物，应当与他一日的工作和劳动付出相称，这样的人才会得到大多数人的认可，鬼神就会赞同，认为他们这是自食其力了。如果种田的农民，织布的妇女，一年到头勤勉辛劳，不过获得几石粟，几尺布；而那些富贵人家，他们可以终年不用劳动，自在地享乐，吃的是山珍海味，穿的是绫罗绸缎，而且手下还养有很多的奴才，在他的眼前是鞍前马后，一呼百应。这就是天下最不公平的事，甚

至连鬼神都不会认可这样的人，那可想而知这样的生活能长久吗？古代的圣明君主，贤德宰相，比如商汤通宵达旦地工作，周文王忙得饭都顾不得吃，周公废寝忘食地处理公文，这些贤者都时时以勤奋来激励自己。《无逸》这个篇章，可推论出人若勤劳，便会长寿，人若逸游，便会夭亡，这已经是被许多的例子证明过的。为自己的将来着想，现在则必须苦练技艺，磨炼筋骨，遇到困境不退缩，去学习掌握，并且要求自己要身体力行，有种忧患心理才是。只有这样，才能增加智慧，增长才干。若为天下着想，自己就必须先得能吃苦挨饿。假如还有一个人饿着肚子，你就没理由去自满。大禹治水，历尽辛劳，三过家门而不入；墨子摩顶放踵，为天下人谋福利；都是自奉非常节俭，拯救百姓却不辞困苦。所以荀子偏爱大禹、墨子的行为，这是因为他们勤劳的缘故。

自从军兴以来，军中凡是有一技之长的，而且又能吃苦耐劳的，基本上都被录用。本身这些人就是人们称赞夸奖的对象。而那些好吃懒做，又没有一技之长的，则是人们唾弃的对象。像这些人即便最后因饥寒而死，那也是怪不得别人。因此，只有勤劳，才能让人更加长寿。安于现状不思进取的人，往往容易夭折。勤劳，而有才能，就能为人所用；安逸，又无才能，就会被人唾弃。勤劳，便能普济众生，连神都会钦佩仰慕；安逸，则无任何价值，神鬼都不会护佑他。所以，君子若要成为人神都可信赖的能人，勤奋是最重要的一点。

自打我上岁数以来，身体一直都是小病不断，尤其是眼病愈发严重，我估计这种状况是很难再改变了。你和诸位侄子，身体健硕的很少。古代的那些君子义士在自我修养和国家治理上，提出首先本人一定要心安身强，只有这样才能振兴家业，振兴一个国家，一定要做到人人悦服鬼神钦敬，然后才会有各种运气到来。现在写这四条日课，一方面是我年老时用来自我激励，以弥补以往的不足的，同时也是要勉励两个儿子。每天晚上睡觉前，都要按照这四条来做。而每个月底时，要以这四条来检验考核自己。也寄给诸位侄子共同遵守，期望你们日后有所成就。

守静
——神明如日之升，身体如鼎之镇

【原文】

神明则如日之升，身体则如鼎之镇，此二语可守者也。惟心到静极时，所谓未发之中，寂然不动之体，毕竟未体验出真境来。意者，只是闭藏之极，逗出一点生意来，如冬至一阳初动时乎。贞之固也，乃所以为元也；蛰之怀也，乃所以为启也；谷之坚实也，乃所以为始播之种子也；然则不可以为种子者，不可谓之坚实之谷也。此中无满腔生意，若万物皆资始于我心者，不可谓之至静之境也。然则静极生阳，盖一点生物之仁心也，息息静极，仁心之不息，其参天两地之至诚乎？颜子三月不违，亦可谓洗心退藏极静中之真乐者矣。

【译文】

精神像日出一般升起，而身体则像鼎立一般屹立。这两句话还是需要遵循的。只有心中平静到一定的程度，即便遇到任何的喜怒哀乐，也自然可以泰然处之，丝毫不会有情绪上的大波动。不过至今我还没体验出真正的意境。意只是闭藏到了极点，才招引出来一点生气，如同冬至时节的一阳初动。坚贞不移，这就是“本元”；等春雷一响，这就是“启”；谷类坚实，可做种子，不能为种子的谷，不能说是坚实的谷。胸中没有满腔的生意，就好比万物的生长都赖于我心，还不能说到了至静的境界。但是，静到一定的程度则会生阳，不过因为有一点生物的仁心，所以每一次的静极，都不会导致仁心的消失，这就是天地间的诚。颜回三个月不违仁，也可以说他是真正洗心革面到了静极的高度，只有做到了这一点，那才是真正快乐的人生。

【原文】

我辈求静，欲异乎禅氏入定，冥然罔觉之旨，其必验之此心。有所谓一阳初动，万物资始者，庶可谓之静极，可谓之未发之中，寂然不动之体也。不然，深闭固拒，心如死灰，自以为静，而生理或几乎息矣，况乎其不能静也。有或扰之，不且憧憧往来乎？深观道体，盖阴先于阳，信矣，然非实由体验得来，终掠影之谈也。

【译文】

我们所说的求静，一定要和禅门的入定区别看待。我们必须用心去体验这种细密且朦胧的感觉。所谓的一阳初动，万物皆由此而生，也只有这样，我们才能说是达到了"静极"的境界，才能说喜怒哀乐还未生发，是寂然不动之体。不然的话，一味求静，心就会静如死灰，自我感觉达到了"静"，实际上这只是让自己的生理机能短暂的压抑。更何况这样的做法根本就不是真正的"静"。假如这时候有了外在的干扰，心肯定就无法再静下来。我曾深入地体察这种感受，认为这世间是阴先于阳。但倘若不是亲身的体验，那永远只能是想象罢了。

【原文】

自戒惧而约之，以至于至静之中，虽少偏倚，而其守不失，则极其中而天地位，此绵绵者，由动以之静也。自慎独而精之，以至于应物之处，无少差谬，而无适不然，则极其和而万物育，此穆穆者，由静以之动也。由静之动，有神主之；由动之静，有鬼司之。终始往来，一敬贯之。

【译文】

因为个人的戒惧，而不断地约束自己，以至最后达到至静的境界。这样即使有什么偏颇，内心里的操守也不会有所损失，这样就达到了“中”的境界，而天地也由此立位，这种绵绵不息的感觉，就是由动而到静的结果。从“慎独”而精进，其最后的收获就是在待人接物方面，会做得格外的出色。而且无论做任何事，没有不合适、不正确的地方，这样就达到了“和”的境界，万物由“和”所化育，这种肃穆之象，是由静到动。从静到动，有神在那儿掌管一切；从动到静，有鬼神在那儿监督。动静之间的这种循环规律，靠着“敬”来贯穿两边。

【原文】

静坐思，心正气顺，必须到“天地位，万物育”田地方好；默坐思，此心须常有满腔生意。杂念憧憧，将何以极力扫却？勉之！

【译文】

静静地坐下来思考，让自己的心灵坦荡，身体里的气血顺畅，必然能达到“天地位，万物育”的高深境地，也只有这样的修行才能起到效果。默坐而思，心灵里面一定要思考着积极的东西，如果心里是杂念丛生，那靠什么来将自己的心境疏通？一定要勤加努力！

进德修业

——吾人只有进德、修业两事靠得住

【原文】

吾人只有进德修业两事靠得住。进德，则孝悌仁义是也；修业，则诗文作字是也。此二者由我作主，得尺则我之尺也，得寸则我之寸也。今日进一分德，便算积了一升谷，明日修一分业，又算余了一文钱。德业并增，则家私日起。至于功名富贵，悉由命定，丝毫不能自主。

【译文】

实际上我们每个人只有进德和修业这两件事靠得住。进德，指的就是要恪守孝悌仁义；修业，说的是作诗词文章、写字。只有这两件事是可以完全靠我们的努力而办到的，你每前进一尺，相应的你就得到一尺，你每前进一寸，那你也就能得到这一寸。今天你进了一分德，就如同你收获了一升的稻米一样，明天又再修一分业，就如同余下一文钱。德和业一起增加，长此下去，家里的财产就会越积越多，越来越富有。至于那些功名利禄，很大程度都是由天意来决定的，并非人谋就能掌握的。

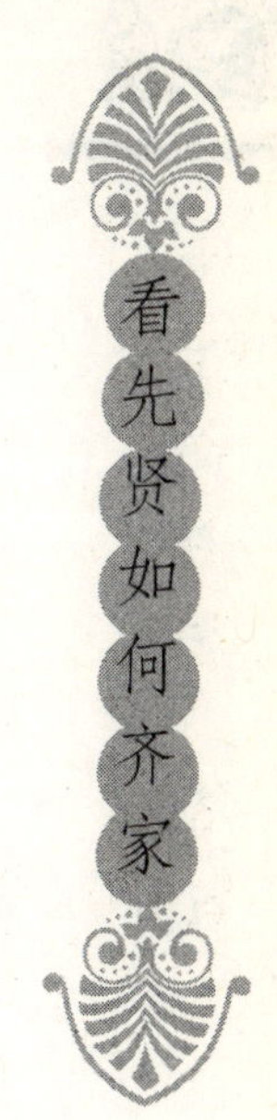

修身五箴

——立志居敬，谨言有恒

【原文】

五箴并序

少不自立，荏苒遂洎今兹。盖古人学成之年，而吾碌碌尚如斯也，不其戚也！继是以往，人事日纷，德慧日损，下流之赴，抑又可知。夫疢疾所以益智，逸豫所以亡身。仆以中才而履安顺，将欲刻苦而自振拔，谅哉其难之欤！作五箴以上自创云：

立志箴

煌煌先哲，彼不犹人。藐焉小子，亦父母之身。聪明福禄，予我者厚哉！弃天而佚，是及凶灾。积悔累千，其终也已！往者不可追，请从今始。荷道以躬，舆之以言！一息尚存，永矢弗谖。

居敬箴

天地定位，二五胚胎。鼎焉作配，实曰三才。俨恪斋明，以凝女命。女之不庄，伐生戕性。谁人可慢？何事可弛？弛事者无成，慢人者反尔。纵彼不反，亦长吾骄。人则下女，天罚昭昭。

主静箴

斋宿日观，天鸡一鸣。万籁俱息，但闻钟声。后有毒蛇，前有猛虎，神定不慑，谁敢予侮？岂伊避人，日对三军。我虑则一，彼纷不纷。驰骛半生，曾不自主。今其老矣，殆扰扰以终古。

谨言箴

巧语悦人，自扰其身。闲言送日，亦搅女神。解人不夸，夸者不解。道听途说，智笑愚骇。骇者终明，谓女贯欺。笑者鄙女，虽矢犹疑。尤悔既从，铭以自攻。铭而覆蹈，嗟女既耄。

有恒箴

自吾识字，百历及兹，二十有八载，则无一知。曩者所忻，阅时而鄙。故者既抛，新者旋徙。德业之不常，日为物迁。尔之再食，曾未闻惑愆。黍黍之增，久乃盈斗。天君司命，敢告马走。

【译文】

五箴并序

年轻时我不能自立，任凭时光流逝直到今日。古代的那些圣贤们，在我这个岁数早就学有所成。再看看今天的我，依然还是碌碌无为，这真是一件太令人伤感的事了！从今而后，世事日益繁杂，精神日益不济，江河日下的趋势，又是可以预知的。艰难困苦能增长人的头脑智慧，安逸则可能不利于自身。我本人只是个中等的天赋，过着安顺的生活。我想取得更高的成就，恐怕那将是非常困难的。因此创作此《五箴》以自勉。

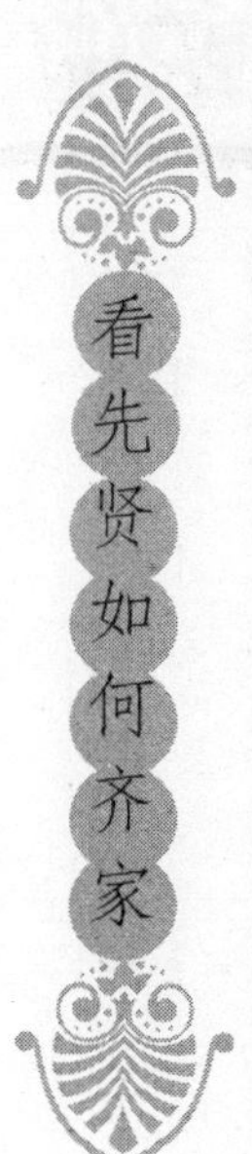

立志箴

那些名垂千古的先哲们，他们其实也是些普通人。凡夫俗子，可也是父母所生。才智福分官禄，我得到的已经够多了。如果不按照天理行事，长时间安于现状，迟早会为自己带来灾祸。以前我们积聚的悔恨已有上千上万，现在该是悔悟的时候了。已经逝去的岁月已无法挽回，那就从今天开始吧，心中想着“道”而去身体力行。只要一息尚存，就要永不食言。

居敬箴

自从天地各在其位，阴阳五行就开始孕育生命。国家礼仪祭祀仪式，实则与天地人的道理是相通的。严格恪守整洁身心，才是真正的珍惜自身。假如你内心不够庄重，就是在残害性情。哪个人可以怠慢？哪件事可以让你轻松处置？办事过于放松的人，最后一定会一事无成。对人傲慢的人，别人也一定会以相同的态度来对待你。即使别人对你不加怠慢，也会助长你的傲慢之气。最终所有的人都会看不起你，这就会无形中遭到上天的惩罚。

主静箴

安睡在书房，第二天清晨观看朝阳，天将破晓雄鸡一声高唱。万籁俱寂，只听得那寺观里的钟声。假如我身处后有毒蛇，前有猛虎的境地，只要我保持神定心泰，还有谁敢上前伤害我呢？岂能逃避出世，每天还要面对三军将士。我能保持思虑专一，还有什么突发事件能够使我动摇呢，半辈子心意弛突，自己还未曾真正做过一回的主。现在我也已经老了，难道还要继续这样心情纷乱地了却此生吗？

谨言箴

利用花言巧语取悦他人，是早晚要给自己带来灾祸的。不要让别人的闲言碎语，来搅乱你的心神。真正的高人从不自夸，夸夸其谈的一定不是高人。那些没有事实根据的消息，让智者笑话，让愚者惊骇。当惊骇的愚

者知道真相后，他们又会说你是在赤裸裸地欺骗。而那些笑话你的人则会更加鄙视你。即便以后你表现得很直率，但是还是会招致别人的怀疑，最终忧患愧悔交集，便铭记下来一定要改正。如果铭记下来还是要重蹈覆辙，那就说明你是真的老了。

有恒箴

自从我学会识字以来，这转眼已过去了二十八年。可是如今我感到自己好像什么知识也没有学到。以前所追求的东西，过一段时间就会鄙视放弃。既抛弃了过去原有的东西，又没能掌握新知识，这就是没有恒心的结果。你每日所吃的饭食，也都是这样一粒一粒积攒起来的。希望天君司命能告诉我其中之理。

立志
——人能立志，犹如“金丹换骨”

【原文】

人苟能自立志，则圣贤豪杰何事不可为？而必借助于人！“我欲仁，期仁至矣。”我欲为孔孟，则日夜孜孜，惟孔孟之是学，人谁得而御我哉？若自己不立志，则虽日与尧舜禹汤同住，亦彼自彼，我自我矣，何与于我哉？

【译文】

一个人如果心里能够立志，那么像圣贤豪杰的事迹，我们又有什么是不能做的，为什么要想着去依靠别人？孔子说：“我想仁，仁就会到来。”我想过自己也能成为孔孟，所以我日夜孜孜以求地学习孔孟之学，这种状态的我，又有谁能够阻挡我呢？如果自己都没有目标，那么即便每天都和尧、舜、禹、商汤待在一起，他们还是他们，你还是你自己，你也丝毫不会有任何的进步和收获。

【原文】

凡人才高下，视其志趣。卑者安流俗庸陋之规，而日趋污下；高者慕

往哲隆盛之轨，而日即高明。贤否智愚，所由区矣。

【译文】

一个人才能的高下，要根据他的志向是否远大来决定。那些志向低劣的人，才只会安于现状，而且还会受到世俗的束缚。长此以往，他的行为会越来越俗不可耐。志向远大的人以那些大人物作为自己奋斗的目标，所以他们才能蒸蒸日上。人才的优劣智愚，就从此区别开来。

【原文】

喜誉恶毁之人，即鄙夫患得患失之心也。于此关打不破，则一切学问才智，实足以欺世盗名。

方今天下大乱，人怀苟且之心，出范围之外，无过问焉者。吾辈当立准绳，自为守之，并约同志共守之，无使吾心之贼，破吾心之墙也。

【译文】

总是想着被人称赞，却又厌恶贬低自己的人，就是我们所说的过于看重自己得失的小人。如果人连这样的人生关卡都冲不破，那么他学再多的学问，拥有再高的才智，到头来也只是在欺世盗名。

当今是天下大乱时期，人人心里都怀有得过且过的心理，事不关己，则不管不问。我觉得我们每个人心里都应该有个属于自己的做人的标准，而且还可以联合志同道合的人共同遵守这样的准则，千万不要让龌龊的想法，破坏了心中的防线。

【原文】

君子有高世独立之志，而不与人以易窥，有藐万乘却三军之气，而未尝轻于一发。

君子欲有所树立，必自不妄求人知始。

古人患难忧虞之际，正是德业长进之时，其功在于胸怀坦夷，其效在于身体康健。圣贤之所以为圣贤，佛家之所以成佛，所争皆在大难磨折之日，将此心放得实，养得灵，有活泼泼之胸襟，有坦荡荡之意境，则身体虽有外感，必不至于内伤。

【译文】

君子们有远大独立的理想，但是他们不会轻易让别人看出来。有些大人物有藐视千军万马，弹指间退却三军的能耐，但是从来不会轻易表露出来。

君子若想成就一番事业，首先得学会隐藏自己。

古人越是在遭受挫折的时候，越是他们提升品德修养的大好时机。困境的功用在于使人胸怀坦荡，效用在于使人身体康健，圣贤之所以为圣贤，佛之所以为佛，都在于他们在大难磨折的时候，将心放得实，养得灵，有活泼的胸襟，坦荡的境界，哪怕在外界遇到困难，也不会伤及内心和意志。

【原文】

士人第一要有志，第二要有识，第三要有恒。有志则不甘为下流；有识则知学问无尽，不敢以一得自足；有恒则断无不成之事。三者缺一不可。

【译文】

士人第一要有追求，第二要有见识，第三要有恒心。有追求，就不会自甘堕落；有见识，就知道学习的益处，不会因为一时的得意而自满；有恒心，这世上就没有办不成的事情。三者缺一不可。

【原文】

凡人心之发，必一鼓作气，尽吾力之所能为，稍有转念，则疑心生，私心亦生。

余死生早已置之度外，但求临死之际，寸心无可悔憾，斯为大幸。

舍命报国，侧身修行。

古称"金丹换骨"，余谓立志即丹也。

【译文】

当你想要去做一件事情时，就要一鼓作气将事情赶紧做完。不然稍有一些其他想法，私欲和顾虑都会随之而来。

我早已将生死这种事看淡了，只求当我临死的时候，心里没有什么遗憾的事情。

要舍命报效国家，要戒慎恐惧，重视修养。

古人说“服了金丹，就可换骨成仙”，我认为每个人的志向，就是成功的金丹。

【原文】

君子之立志也，有民胞物与之量，有内圣外王之业，而后不忝于父母之生，不愧为天地之完人。故其为忧也，以不如舜不如周公为忧也，以德不修学不讲为忧也。是故顽民梗化则忧之，蛮夷猾乱则忧之，小人在位贤才否闭则忧之，匹夫匹妇不被己泽则忧之，所谓悲天命而悯人穷，此君子之所忧也。若夫一身之屈伸，一家之饥饱，世俗之荣辱得失、贵贱毁誉，君子固不暇忧及此也。

【译文】

君子立志，应该将世间万物和万民都考虑在内，应内具有圣人的才德，对外施行王道。只有这样，才无愧于赐予我们生命的父母，无愧于天地间的完人。这时所忧虑的，是担心自己不如舜帝、也不如周公，或者又担心自己不专修德行、不精通学业。于是，便会忧虑小民的顽固不化，忧虑外敌侵扰国家，忧虑坏人当道而优秀人才被排斥埋没，忧虑自己未能给平民百姓以恩泽，这就是俗话说的悲天悯人，这是君子之忧。至于个人的成败，自家人的温饱，世俗之人理解的荣辱得失、名誉的好坏，这些个人问题，他根本没有时间考虑。

【原文】

人之气质，由于天生，本难改变，惟读书则可变化气质。古之精相法，并言读书可以交换骨相。欲求变之之法，总须先立坚卓之志。

【译文】

一个人的气质是天所生成的，这是很难改变的。不过气质是可以通过读书的多少和学识的多少来提高。古代那些会相面的术士说，读书甚至可以改变一个人的骨相。改变个人气质最好的方法，还是先给自己设定一个远大的志向。

【原文】

治心治身，理不必太多，知不可太杂，切身日夕用得着的，不过一两句，所谓守约也。

【译文】

对于修心养身来说，这其中的道理不必细讲那么多，知晓的也不必太杂，与自己的生活息息相关且用得着的，记住一两句就够了，这就是所谓的“简易可行”。

【原文】

凡沉疴在身，而人力可以自为主持者，约有二端：一曰以志帅气，一曰以静制动。人之疲惫不振，由于气弱。而志之强者，气亦为之稍变。如贪早睡，则强起以兴之；无聊赖，则端坐以凝之。此以志帅气之说也。久病虚怯，则时时有一畏死之见，憧扰于胸中，即梦魂亦不甚安恬，须将生前之名，身后之事，与一切妄念，扫除净尽，自然有一种恬淡意味，而寂定之余，真阳自生，此以静制动之法也。

【译文】

凡是疾病缠身的人，如果能依靠自己本身的力量，控制病情发展的，一般只有这两种方法：一种是，以意志力增强“气”，一种是以静制动。一个人疲惫不堪、精神不振，都是由于气弱。然而，意志坚强的人，气也会随意志而稍有改变。比如早上贪睡，就可以凭毅力早睡早起；如百无聊赖之时，就要端坐而固气，气也必会振作。这就是以志帅气。第二种就是会以静制动。久病则气虚胆怯，时时有怕死的想法，困扰于心，就是睡梦之中，也难以安适。必须将那些名誉、死后的种种担心，以及各种顾虑都抛到脑后，这样你自然就会体会到那种恬淡的感觉，从而在寂静之至时，真阳自生，这就是以静制动的方法。

曾国藩家训
——看先贤如何齐家
学问篇

读书之法

——看读写作四者缺一不可

【原文】

凡读书有难解者，不必遽求甚解；有一字不能记者，不必苦求强记，只须从容涵泳，今日看几篇，明日看几篇，久久自然有益，但于已阅过者，自作暗号，略批几字，否则历久忘其为已阅未阅矣。

【译文】

凡是在读书的过程中，有不懂或难懂的地方，不要寄希望于一下子就把它弄懂；假如有一个字记不下来，也不要强迫自己去死记。有一个字记不下来，也不要苦苦强求地把它记下来。只要从容从事，贵在坚持，今天看几篇，明天看几篇，这时间一久，自然就能将其了然于胸。不过对于自己已经看过的地方，一定要作上记录，或者是略批几个字，否则时间一久就会忘了自己已经看过或者没有看过。

【原文】

读书之道，朝闻道而夕死，殊不易易。闻道者，必真知而笃信之，吾

辈自己不能自信，心中已无把握，焉能闻道？

【译文】

读书的道理是，即便早上知道了一个真理，哪怕到了晚上死了也没什么好遗憾的，想要做到这点，非常不容易。闻道，说的是你真的理解了这个道理，并且对此十分信奉。如果我们一点自信都没有，心里一点把握也没有，又怎么能闻道呢？

【原文】

学问之事，以日知月无亡为吃紧语；文章之事，以读书多积理富为要。

读书之志，须以困勉之功，志大人之学。

【译文】

做学问，每天在增长新知识的同时，也不能忘记过去的老知识。读书，并非没脑子地读，读书的目的是为了去体会书里所讲的道理。

读书要以先立志在学习为目标，一定要困而勉之，奋发向上，立志于学习大道理大学问。

【原文】

读书穷理，不辨得极虚之心，则先自窒矣。

不能主一之咎，由于习之不熟，由于志之不立，而实由于知之不真。

若真见得，不主一之害心废学，便如食乌喙之杀人，则必主一矣。不能主一，无择无守，则虽念念在四书五经上，亦只算游思杂念，心无统摄故也。

【译文】

读书求理的时候，如果不能让自己的内心保持虚空，那一定是内心被自我阻塞了。

不能守一定之理，那肯定是因为练习得不够多，志向的确定总是在更改，那一定是因为获取了不真实的知识。如果知道了真，就会知道不守一定之理的害处，就如吃乌喙杀人一样，这样就一定能守一定之理了。不能守一定之理，就会既无从选择，又无从把守。这样一来，即便你将自己的心思都放在四书五经上，那也只能是一些虚心杂念。这是因为没有掌握能把心统摄起来的东西。

【原文】

穷经必专一经，不可泛骛。读经以研寻义理为本，考据名物为末。读经有一“耐”字诀，一句不能，不看下句；今日不能，明日再读；今年不精，明年再读。此所谓耐也！读史之法，莫妙于设身处地。每看一处，如我便与当时之人酬酢笑语于其间。不必人人皆能记也，但记一人，则恍如接其人；不必事事皆能记也，但记一事，则恍如亲其事。经以穷理，史以考事，舍此二者，更别无学矣。

【译文】

我认为读经时，一定要专注于一本书读，绝对不能泛泛而读。读经的根本是在获取道理，对细节的考究只是一种辅助。读经需要掌握一个“耐”字诀，一句话没有看懂，就不看下一句；今天没有读懂，就明天再读；今年不精通，就明年再读，这就是所谓的“耐”。读史的方法最好的就是设身处地，每读到一处，就好比自己正与当时的人在对答应酬。不一定要把每个人都记下来，但只要记住一个人，就好比与这个人相接触；不一定需要把每件事都记下来，只要记住一件事，就好比自己亲身经历这件事一样。读经可以明理，读史可以知事，除了这两种法门，没有其他的研修方法。

【原文】

余生平有三耻：学问各途，皆略涉其涯矣，独天文、算学，毫无所知，虽恒星五纬亦不识认，一耻也；每作一事，治一业，辄有始无终，二耻也；少时作字，不能临摹一家之体，遂致屡变而无所成，迟钝而不适于用，近岁在军，因作字太钝，废阁殊多，三耻也。尔若为克家之子，当思雪此三耻。

推步算学，纵难通晓，恒星五纬，观认尚易。家中言天文之书，有十七史中各天文志，及五礼通考中所辑观象授时一种。每夜认明恒星二三座，不过数月，可毕识矣。凡作一事，无论大小难易，皆宜有始有终。作字时，先求圆匀，次求敏捷。若一日能作楷书一万，少或七八千，愈多愈熟，则手腕毫不费力。将来以之为学，则手抄群书；以之从政，则案无留牍。无穷受用，皆自写字之匀而目，捷生出。三者皆足弥吾之缺憾矣。

【译文】

我生平有三件羞愧的事情：我生平对于各种学问都略有涉猎，唯独对天文、算学，我是一无所知，即连恒星五纬我都不认识，这是我的一耻；每做一件事，或是从事一项活动时，我常常有始无终，半途而废，这是二耻；小时候写字时，我常常临摹各家的书法，总是不能静下心来学习一种，以致到最后我写的字还是没有什么进步，近年来在军中，因为写字过于迟钝，所以经常有许多公文都被搁置，这是我的第三耻。你若是能继承父业之子，希望日后你能雪此三耻。

即使推步算学难以通晓，但辨认恒星五纬还是比较容易的。家里放有关于天文方面的书，有十七史中的天文志，以及《五礼通考》中的关于观象授时的内容。每天晚上坚持认上几个星座和和恒星，只要几个月，应该就能全部认识。我们做事情的时候，不管这件事大小难易，都应该做到有始有终才行。写字时要先求圆匀，再求快捷。如果一天能写楷书一万，或最少七八千字，写得越多就会越熟练，手腕也会不觉得费力。将来凭此去学习，就可以手抄群书；凭它去从政，案上就不会有遗留的文牍。这些无穷无尽的受用，都是来自坚持写字的圆匀而且快捷带来的。如果这三件事你可以做到就可弥补我的缺憾了。

作文
——修辞以立诚，忌巧言雕饰

【原文】

凡作文诗，有情极真挚，不得不一倾吐之时。然必须平日积理既富，不假思索，左右逢源。其所言之理，足以达其胸中至真至正之情。作文时无镌刻字句之苦，文成后无郁塞不吐之情，皆平日读书积理之功也！若平日酝酿不深，则虽有真情欲吐，而理不足以达之，不得不临时寻思义理。义理非一时所可取办，则不得不求工于字句。至于雕饰字句，则巧言取悦，作伪日拙，所谓修词立诚者，荡然失其本旨矣！以后真情激发之时则必视胸中义理何如，如取如携，倾而出之可也。不然，而须临时取办，则不如不作，作则必巧伪媚人矣。

【译文】

凡是作文写诗的，都会遇到情真意切，不得不一吐为快的时候。但这需要平常大量道理的学习和积累，只有这样写起文章来才能文思泉涌，左右逢源。而说出来的话，也才能表达心中至真至正之情。在写作时，没有雕琢字句的苦恼，写完后没有未表达清楚的遗憾，这些都是平常读书的思考和积累的成效。如果平时考虑得不深入，即便到了真情需要倾吐的时候，却苦于寻不出贴切的真理，从而无法将自己的意思表达清楚。义理的获得并不是一朝一夕就能达成的，于是就只好在字句的工整上多下功夫，来弥补自己道理不足的缺憾。至于作文时沉溺于雕字饰句，就会想通过巧言来取悦于人，就更为拙劣了，至于修词立诚的宗旨，则早已荡然无存了。以后当遇到真情激荡的时候，一定要先估计一下自己胸中的义理是否清晰、妥当，只需将之明白晓畅说出即可。否则的话，义理都需要临时去采办，那还不如不写文章，因为这样写出来的文章，基本上就可以说是巧于伪装，取悦于人。

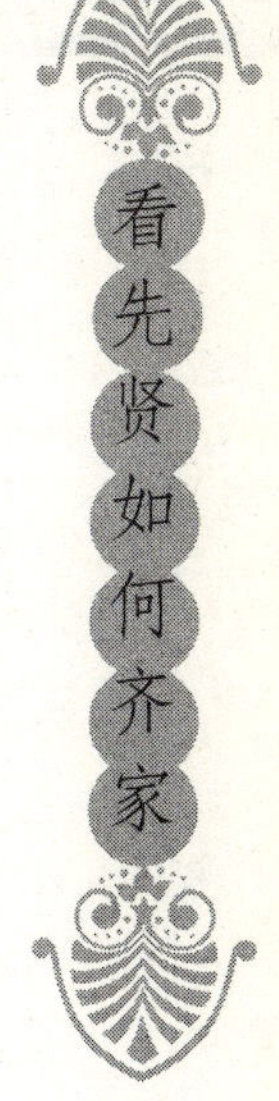

【原文】

明德、新民、止至善，皆我分内事也。若读书不能体贴到身上去，谓此三项与我身了不相涉，则读书何用？虽使能文能诗，博雅自诩，亦只算得识字之牧猪奴耳！岂得谓之明理有用之人也乎？朝廷以制艺取士，亦谓其能代圣贤立言，必能明圣贤之理，行圣贤之行，可以居官莅民、整躬率物也。若认明德、新民为分外事，则虽能文能诗，而于修己治人之道实茫然不讲，朝廷用此等人作官，与用牧猪奴作官何以异哉？

【译文】

发扬光明的德行，革新民心，达利完善，这都是我辈分内应做的事情。如果读书不能将其中学到的道理运用在自己的身上，认为这三项的道理和自己毫不相干，那么你读书还有什么实际意义？或许有的人能作诗文，并自诩博雅，也只能算作识字的，与放猪奴有什么区别呢？又怎么能算得上是什么深明大义的有用的人才呢？朝廷依据八股文的优劣选用人才，也是认为这些人既然能够替圣贤立言，就必然懂得圣贤的道理，有圣贤的行为，可以身居官位治理百姓，兢兢业业地处理事情了。如果将深明德行、造福

于民只当做分外的事情，那么即便你能写文章、作诗吟赋，却根本不可能提高自身的修养，也不会理解那些治国的道理。朝廷用这样的人办事，与用放猪奴做官又有什么区别呢？

【原文】

三古盛时，圣君贤相承继熙洽，道德之精，沦于骨髓，而学问之意，达于闾巷。是以其时置兔之野人，汉阳之游女，皆含性贞娴吟咏，若伊莘、周召、凡伯、仲山甫之伦，其道足文工，又不待言。降及春秋，王泽衰竭，道固将废，文亦殆殊已。故孔子睹获麟，曰："吾道穷矣！"谓匡曰："斯文将丧！"于是慨然发愤，修订六籍，昭百王之法戒，垂千世而不刊，心至苦，事至盛也。仲尼即没，徒人分布，转相流衍。厥后聪明魁桀之士，或有识解撰著，大抵孔氏之苗裔，其文之醇驳，一视乎见道之多寡以为差：见道尤多者，文尤醇焉，孟轲是也；次多者，醇次焉；见少者，文驳焉；尤少者，尤驳焉。自荀、扬、庄、列、屈、贾而下，次第等差，略可指数。

【译文】

夏、商、周三朝的全盛时期，圣明的君主和贤德的辅相们都是代代相传的，那是社会的安宁和道义的追求，都是深入人心的。而对学问的学习，已经深入到乡里。正因为如此，那时候即便是抓兔子的猎人，或者是汉阳游玩的年轻女子，都擅长咏吟诗歌，天性纯真。至于像伊莘、周召、凡伯、仲山甫这些人，他们德行完善工于作文，自不必再过多评价。但是到了春秋时期，王道的恩泽开始衰竭了，那些过去的大道也慢慢被新的价值观所取代，此时的文章就慢慢地变了味道。因此孔子看见了被抓住的麒麟，悲

伤地说："我追求的大道要完了！"后来又对匡人说："古代的礼乐制度将要丧失了！"为了挽回这一切，于是他发愤修订六经，昭示帝王的法则，流传千代而从未被更改，其用心良苦，真是感天动地啊！后来孔子去世后，他的学生们将孔子的学说带到四面八方，将孔子的思想分散传播。后来有的人真的读懂了孔子的思想，他们也撰文立书，阐述各自对孔子学问的理解，严格地说这些人也可以称作是孔子的传人。这些人的文章醇厚而驳杂，而且还可以根据他们所阐述道理的多少，准确地判断出他们的等级：把握大道最多的人，他的文章往往醇厚醉人，孟轲便是如此；把握大道次多的人，相对来说他的文章也有醇厚，但还算不上绝品；把握大道少的人，他的文章就显得驳杂一些；而大道掌握最少的人，他的文章就最驳杂。从荀况、扬雄、庄子、列子、屈原、贾谊以下，他们的等次高低，由此也就可以分出来了。

【原文】

文章之道，以气象光明俊伟为最难而可贵。如久雨初晴，登高山而望旷野；如楼俯大江，独坐明窗净几之下，而可以远眺；如英雄侠士，裼裘而来，绝无龌龊猥鄙之态。此三者皆光明俊伟之象，文中有此气象者，大抵得于天授，不尽关乎学术。自孟子、韩子而外，惟贾生及陆敬舆、苏子瞻得此气象最多，阳明之文亦有光明俊伟之象，虽辞旨不甚渊雅，而其轩爽洞达，如与晓事人语，表里粲然，中边俱彻，固自不可几及也。

【译文】

文章写作之道，最难能可贵的就是写出气象光明宏伟的文章。那感觉如同连日淫雨的天空突然放晴，登上高山，眺望一望无垠的原野；又如同

滚滚大河的岸边，竖立着一座高楼，独自在明窗净几旁坐着极目远视；如同那些英雄侠士们，他们身穿狐白裘衣，心中没有任何龌龊猥鄙之态。这几个事例都是光明宏伟的气象，而文章若想写出如此境界来，基本上只能靠作者的天赋，这与人后天的努力关系并不是很大。除孟轲、韩愈之外，也只有贾谊、陆贽、苏轼这几位曾经达到过如此的境界。王守仁的文章也有光明宏伟的气象，即便他在用辞意旨上还不是那么的渊深高雅，但其中事理明达，好比在跟深明大义的人聊天，所聊内容都是一点就透，也几乎是我不能达到的。

居家之道篇

孝

——独孝友则立获吉庆

【原文】

孝友为家庭之祥瑞，凡所称因果报应，他事或不尽验，独孝友则立获吉庆，反是则立获殃祸，无不验者。吾早岁久宦京师，于存养之道多疏，后来展转兵间，多获诸弟之助，而吾毫无裨益于诸弟。余兄弟姊妹各家，均有田宅之安，大抵皆九弟扶助之力。我身殁之后，尔等事两叔如父，事叔母如母，视堂兄弟如手足。凡事皆从省啬，独待诸叔之家，则处处从厚。待堂兄弟以德业相劝，过失相规，期于彼此有成，为第一要义。其次则亲之欲其贵，爱之欲其富。常常以吉祥善事代诸昆季默为祷祝，自当神人共钦。

【译文】

对父母孝顺，兄弟之间友爱相处，这是一个家庭莫大的福音。人们所说的因果报应，在其他事情上未必那么灵验，但是在孝道和友爱上，却能显示出它现世现报的效果，但凡孝顺友爱的家庭则马上就有吉庆之事，反之则有殃祸。过去我在京城做官的时候，因过于忙碌，经常疏忽了对父母孝道和对兄弟的友爱。后来又转战军营，几位弟弟多有帮助，而我对诸位弟弟的帮助却无分毫。家中兄弟姐妹们的家庭，之所以都能有房有田，丰衣足食，大概这都是九弟的功劳吧。如今我的身体也落下了残疾，你们对待叔叔时要像对待咱们的父亲一样，而对待叔母时，也要像对咱们的母亲一样，至于咱们的那些堂兄弟们，更是要看成自己的手足兄弟。虽然我一再提醒过日子要节俭，但是对待叔叔家时，则要处处表现得大方。而且要时时从德行上教育提醒咱们的堂兄弟们，纠正他们所出现的问题，真心祝愿他们将来能有所成就，并以此为第一要义。其次就是要对于他们给予更多的亲近和爱惜，希望他们富贵。也要常常替他们祈祷，希望他们一切安好，这样即便是神也会感动的。

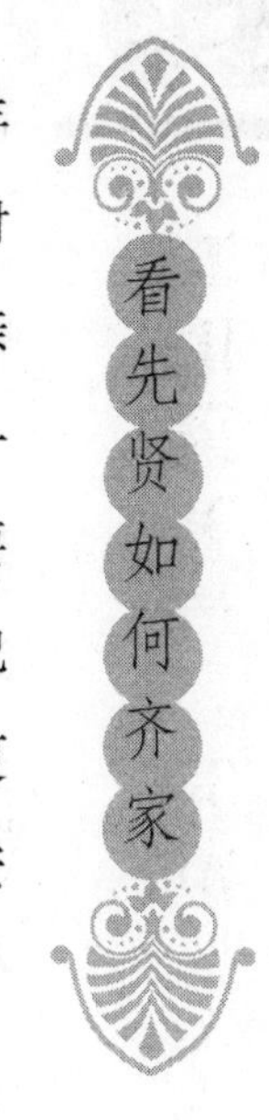

【原文】

凡子之孝父母，必作人有规矩，办事有条理，亲族赖之，远近服之，然后父母愈爱之，此孝之大者也。若作人毫不讲究，办事毫无道理，为亲族所唾骂，远近所鄙弃，则贻父母以羞辱，纵使常奉甘旨，常亲定省，亦不得谓之孝矣。敬神者之烧香酬愿，亦犹事亲者之甘旨定省，实无大益。若作人不苟，办事不错，百姓赖之，远近服之，则神必鉴之佑之！胜于烧香酬愿多矣。

【译文】

凡是那些孝顺的子女，做人有着自己的原则，他们做事一定有条理性。而且这样的人，亲戚们都会很依赖他，附近的乡里会很佩服他，而自己的父母也会很疼爱他。这样的人就是大孝。如果做人毫不讲究，办事毫无道

理，为亲族所唾骂，远近之人都鄙弃他，从而给父母带来了羞辱，这样的人即使常常用美食供奉父母，并常常探视父母，也称不上是孝顺之人。敬神的人在那儿烧香还愿，也与子女常常以美食供奉父母、探视父母一样，没有什么实际的好处。如果做人一丝不苟，办事有规矩，百姓信赖他，远近的人佩服他，那么神灵必定会明察并保祐他。这可比去寺庙烧香祷告的方法强多了。

【原文】

吾所望于诸弟者，不在科名之有无，第一则孝悌为瑞，其次则文章不朽。诸弟若果能自立，当务其大者远者，毋徒汲汲于进学也。

【译文】

我对各位弟弟真正的希望所在，并不是什么科举得中这样的事，我第一希望你们能孝顺父母，第二希望你们的文章能够流传后世。如果各位弟弟真的能自立的话，应该去追求一些更远大的志向，而不是将目光只盯在仕途上。

【原文】

凡天下官宦之家，多只一代享用便尽，其子孙始而骄佚，继而流荡，终而沟壑，能延一二代者鲜矣。商贾之家，勤俭者能延三四代；耕读之家，谨朴者能延五六代；孝友之家，则可以绵延十代八代。我今赖祖宗之积累，少年早达，深恐其以一身享用殆尽，故教诸弟及儿辈，但愿其为耕读孝友之家，不愿其为仕宦之家。若不能看透此层道理，则虽巍科显宦，终算不得祖父之贤肖，我家之功臣。若能看透此道理，则我钦佩之至。澄弟每以我升官得差，便谓我肖子贤孙，殊不知此非贤肖也。如以为贤肖，则李林甫、卢怀慎辈，何尝不位极人臣，舄奕一时，讵得谓之贤肖哉？予自问学浅识薄，谬膺高位，然所刻刻留心者，此时虽在宦海之中，却时作上岸之计。要令罢官家居之日，己身可以淡泊，妻子可服劳，可对祖父兄弟，可以对宗族乡党，如是而已。

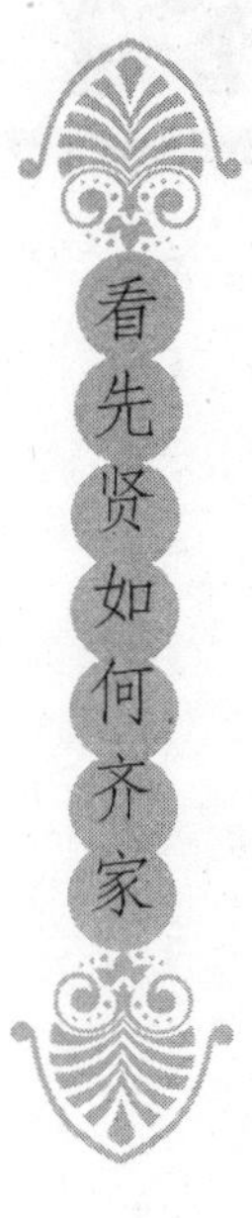

【译文】

从古至今但凡是官宦家庭的，一般都是只有一代人能享有福祉便将家业耗尽，其子孙开始会变得骄奢淫逸，继而漂泊，最终会走向堕落，这样的家境能延续两代的，那都是很少见的。巨商富贾的家庭，如果能保持勤俭持家的话，或许可以延续个三四代；农耕读书的家庭，谨慎朴实的话，能延续五六代；孝悌友爱的家族，则能延续十代八代。我现在依赖祖宗积德，少年时就得志，唯恐我一人就把福气享用殆尽，因此教育各位弟弟和子女，希望成为耕田读书、孝悌友爱的家族，而不愿成为仕宦家族。如果不能理解这样的道理，即使在科举考试中名列前茅，取得显赫的官位，终究我们的家族也不可能长久兴盛下去的，就算不上先辈的贤德孝顺的后代，算不上是我家的功臣。如果能识透这层道理，我将异常饮佩。澄弟常常因为我升官，便说我是孝子贤孙，却不知道这并非贤德孝顺。如果以升官为贤德孝顺，那么李林甫、卢怀慎之流，何尝不位列臣子之首，显赫一时，

难道他们真的是孝子贤孙吗？我深知自己学浅才疏，偶得高位，但时刻关注的问题却是现在我虽在仕途宦海之中，时刻作着弃官上岸的打算。希望到了弃官回家的时候，我可以淡泊名利，妻子在乡下耕种劳动，可以面对祖父兄弟，可以面对家族乡党，仅此而已。

和

——和气蒸蒸而家必兴

【原文】

夫家和则福自生。若一家之中，兄有言弟无不从，弟有请兄无不应，和气蒸蒸而家不兴者，未之有也；反是而不败者，亦未之有也！

【译文】

和睦的家庭自然就充满了福运。假如一家之中，弟弟们对于哥哥的教导无不听从，而哥哥对于弟弟们的要求无不满足，一家人和气蒸蒸而家不兴旺的，是从来没有过的，反过来家业不败的，也是没有的！

严

——治家贵严，不严之流弊不可胜言

【原文】

治家贵严，严父常多教子，不严则子弟之习气日就佚惰，而流弊不可胜言矣。故易曰“威如之吉！”欲严而有威，必本于庄敬，不苟言，不苟笑，故曰“威如之吉”，反身之谓也。

【译文】

治家讲求以严为贵。严父对子女就得是严加管教。对子女要求不严格，时间一长子女就会滋生出懒惰的毛病，那可真是后患无穷，想改都很难改的。所以《易经》里说：“威如之吉！”想要在子女面前既严又威，其根本在于平常就要庄敬，不苟言笑。所谓的“威如之吉”，就是要求时时检讨自己，检查自己的言行并改正不当的地方。

五种遗规
——我辈踵而行之，极易为力

【原文】

五种遗规，四弟须日日循之，句句学之。我所望于四弟者，惟此而已。家中蒙祖父厚德余荫，我得忝列卿贰，若使兄弟妯娌不和睦，后辈子女无法则，则骄奢淫佚，立见消败，虽贵为宰相，何足取哉？我家祖父、父亲、叔父三位大人规矩极严，榜样极好，我辈踵而行之，极易为力。别家无好榜样者，亦须自立门户，自立规条，况我家祖父现样，岂可不遵行之而忍令堕落之乎？现在我不在家，一切望四弟作主。兄弟不和，四弟之罪也！妯娌不睦，四弟之罪也！后辈骄恣不法，四弟之罪也！我有三事奉劝四弟，一曰“勤”，二曰“早起”，三曰看《五种遗规》。四弟能信此三语，便是爱兄敬兄；若不信此三语，便是弁髦老兄。我家将来气象之兴衰，全系乎四弟一人之身。六弟近来气性极和平，今年以来，未曾动气，自是我家好气象。惟兄弟俱懒，我以有事而懒，六弟无事而亦懒，是我不甚满意处。若二人俱勤，则气象更兴旺矣。

【译文】

五种遗规，四弟你切记要天天遵循，句句揣摩学习。我对于四弟的要

求也就这么多。咱家里承蒙祖父的厚德和余荫，使我如今位列高官。假如咱兄弟妯娌之间不能和睦，咱们的子孙也没有规矩，骄奢淫逸，那咱们这个家族就会很快衰败。即使我现在贵为宰相，那又有什么用呢？我家里的祖父、父亲、叔父三位大人，规矩都极严，是极好的榜样，我们跟着他们而学，是很容易的事。别的家庭没有好的榜样，尚且要自立门户，自订规条，何况我家有祖父这样现成的榜样，怎么能不遵而行之，而竟忍心加以抛弃呢？现在我不在家，一切都希望四弟做主。兄弟之间不和睦，这是四弟的过错。妯娌之间不和睦，是四弟的过错。子孙辈骄横恣肆，不守规矩，是四弟的过错。我有三件事奉劝四弟，第一件是勤，第二件是早起，第三件就是看《五种遗规》。四弟若能真的做到了这三件事，便是敬爱为兄；如果你不相信这三句话，那就是看不起哥哥我。咱家将来的兴衰与否，全在四弟你一人身上。近来六弟的气性大有好转，今年以来都未曾动过气火，这可是咱家的好气象啊。只是咱们兄弟几个都比较的懒惰，我是因为有别的事影响，而六弟是因为没事做而懒，这也是让我尤其不满意的地方。如果我和六弟都能改正，咱家的气象就更兴旺了。

八字
——治家之道，一切以星冈公为法

【原文】

余与沅弟论治家之道，一切以星冈公为法，大约有八字诀。其四字即上年所称“书蔬鱼猪”也，又四字则曰“早扫考宝”。早者，起早也；扫者，扫屋也；考者，祖先祭祀，敬奉显考、王考、曾祖考，言考而妣可该也；宝者，亲族乡里，时时周旋，贺喜吊丧，问疾济急。星冈公尝曰：“人待人，无价之宝也。”星冈公生平于此数端，最为认真，故余戏为八字诀曰“书蔬鱼猪，早扫考宝”也。此言虽涉谐谑，而拟即写屏上，以祝贤弟夫妇寿辰，使后世子孙知吾兄弟家教，亦如吾兄弟风趣也。弟以为然否？

【译文】

我与沅弟讨论治家的道理时，我们当以祖父星冈公的八字诀为准。其中的前四项，就是去年曾提到的“书、蔬、鱼、猪”四字；另有四个字是“早、扫、考、宝”。早指的就是早起；扫就是打扫房屋；考就是祭祀祖宗先人，敬奉显考、王考、曾祖考，说考也就包括妣；宝，就是善待乡里和族人。无论是婚丧嫁娶，乡里乡亲的都要互相多来往，互相多帮忙。祖父星冈公曾说：“能够真诚待人就如同获得了一个无价之宝。”星冈公生

平对这几件事极为认真。所以我把它总结为“书蔬鱼猪，早扫考宝”。虽然这八个字有诙谐戏谑的意味，但是我还是想把这八个字写在屏风之上，送与你们做寿礼，让你们的后代子孙也能知道我们兄弟的家训是什么，也让他们知道我们兄弟之间的风尚志趣，你觉得呢？

【原文】

“早扫考宝，书蔬鱼猪”八字，是吾家历代规模。吾自嘉庆末年至道光十九年，见王考星冈公日日有常，不改此度。不信医药、地仙、和尚、师巫、祷祝等事，亦弟所一一亲见者。吾辈守得一分，则家道多保得几年。望弟督率纪泽及诸侄切实行之。

【译文】

“早扫考宝、书蔬鱼猪”这八个字，是我们曾家祖上定下来的家训。自打嘉庆末年开始定下这八条规矩，直到道光十九年，家里一直实行着祖父的这个家训，从未改变过。他不信医药、地仙、和尚、师巫、祷祝等事情，这些你也曾亲眼看到过。眼下我们这些后辈能守住家训的一分，相应的我们的家运就能多留几年。希望你领着纪泽和各位侄子切实遵行它。

【原文】

昔吾祖星冈公，最讲治家之法，第一起早，第二打扫洁净，第三诚修祭祀，第四善待亲族邻里。凡亲族邻里来家，无不恭敬款待，有急必周济之，有讼必排解之，有喜必庆贺之，有疾必问，有丧必吊。此四事之外，于读书种菜等事，尤为刻刻留心。故余近写家信，常常提及“书蔬鱼猪”四端者，盖祖父相传之家法也。尔现在读书无暇，此八事纵不能一一亲自经理，而不可不识得此意，请朱运四先生细心经理，八者缺一不可。

其诚修祭祀一端，则必须尔母随时留心。凡器皿第一等好者，留作祭祀之用，饮食第一等好者，备祭祀之需。凡人家不讲究祭祀，纵然兴旺，亦不久长。至要至要！

【译文】

过去我的祖父星冈公，为家里定下了八条规矩：第一，家人早上必须早起；第二，家里一定要每天都打扫房子；第三，要时常虔诚地祭祀祖宗；第四，善待乡里和亲族。若是邻居或是族人来家里做客，一定要恭敬接待。他们要是有什么难处相求，也一定要多多周济。邻里之间闹矛盾的，要想法从中调节一番。人家有了喜事，必须上门祝贺。有了疾病一定要去慰问。若是出了白事，也一定要去吊唁。除了这些原则性的大事外，读书种菜这些生活琐碎尤其要时时留心。因此近日来，我在给家里写的书信里，经常提到了“书蔬鱼猪”这四个字，因为这是祖父传下来的规矩。如今你因为要一心读书，没有空暇，这八件事可能无法一一做到，但一定要领会这八个字的含义，并请朱运四先生对此细心料理，这八件事缺一不可。

至于虔诚祭祖的事，一定提醒你母亲不可给耽误了。家里凡是最上品的器皿，都要留作祭祀之用。凡是最稀罕的吃食，都要先给祖先祭祀。凡是不注重祭祀的人家，即便家运兴旺，也是不能长久的。所以这非常重要。

三不信

——不信医药，不信僧巫，不信地仙

【原文】

吾祖父星冈公在时，不信医药，不信僧巫，不信地仙。卓识定志，确乎不可摇夺，实为子孙者所当遵守！近年家中兄弟子侄于此三者，皆不免相反。余之不信僧巫，不信地仙，颇能谨遵祖训父训，而不能不信药。自八年秋起，常服鹿茸丸，是亦不能继志之一端也。以后当渐渐戒止。并函诫诸弟，戒信僧巫、地仙等事，以绍述家风。

【译文】

我的祖父星冈公在世时，提出了"不信医药，不信巫师僧人，不信地仙"的三不信家训。祖父是非常有卓识远见的，希望咱家子孙能够好好继承祖父的这一训言。近来我听说家里有些子弟对祖父的这三不信有颇多的看法，这是不对的。我对不信巫师僧人，不信地仙尚能严格遵守，只是不信医药却一直未能做到。从今年八月开始，我经常服用鹿茸丸，这是我不能继承遗志的一个方面。以后应慢慢戒止。药能治病，但绝对不能迷信，关键还在于自身体质的修养。在此告诫各位弟弟戒除迷信僧人、巫师、地仙等方面的事，以继承家风。

八本三致祥

——吾教子弟，不离八本三致祥

【原文】

吾教子弟，不离八本，三致祥。八者曰：“读古书以训诂为本，作诗文以声调为本，养亲以得欢心为本，养生以少恼怒为本，立身以不妄语为本，治家以不晏起为本，居官以不要钱为本，行军以不扰民为本。”三者曰：“孝致祥，勤致祥，恕致祥。”吾父竹亭公之教人，则专重“孝”字；其少壮敬亲，暮年爱亲，出于至诚，故吾纂墓志，仅叙一事。吾祖星冈公之教人，则有八字，三不信。八者曰：考、宝、早、扫、书、蔬、鱼、猪。三者曰僧巫，曰地仙，曰医药，皆不信也。

处兹乱世，银钱愈少，则愈可免祸；用度愈省，则愈可养福。尔兄弟奉母，除“劳”字“俭”字之外，别无安身之法。吾当军事极危，辄将此二字叮嘱一篇，此外亦别无遗训之语。尔可禀告诸叔及尔母无忘。

【译文】

我在教育子女和晚辈的时候，从来离不开“八本”和“三致祥”。我所说的“八本”，包括“读古书以书的注解为本；写诗词以运用的声调为本；赡养长辈以他们的快乐为本；养生以减少恼怒为本；立足以不妄语为本；治家以早起为本；做官以清廉为本；带兵以不扰民为本”。而“三致祥”包括“孝道可生瑞祥；勤奋可生吉祥；宽恕可生和祥”。我的父亲竹

亭公在教育别人时，特别注重一个“孝”字。他青年时尊敬长辈，即便到了晚年，对长辈也依然是敬爱有加，他的这种敬爱之情就是出自真诚。因此我在给父亲编写墓志铭时，就写了这一件事。当年我的祖父星冈公时，就有“八言家训”和“三不信”，那八言是“考、宝、早、扫、书、蔬、鱼、猪”。“三不信”则是“不信巫僧、不信地仙、不信医药”。

如今身处乱世之中，无财往往可以免祸；控制开销，往往是养福之道；你们兄弟几个在家奉养母亲，除了在勤劳和节俭上多下功夫，再无安身之道。如今我在军营战事极危，于是将这两字叮嘱一番，此外，再没有别的遗训。你们可以将我讲的这些，说与母亲和家里的各位叔叔听，请他们切莫忘记。

【原文】

凡事皆有至浅至深之道，不可须臾离者，因欲名其堂曰八本堂。其目曰：读书以训诂为本，诗文以声调为本，事亲以得欢心为本，养生以少恼怒为本，立身以不妄语为本，居家以不晏起为本，居官以不要钱为本，行军以不扰民为本。古人格言尽多，要之每事有第一义，必不可不竭力为之者。得之如探骊得珠，失之则如舍本根图枝叶。古人格言虽多，亦在乎吾人之慎择而已矣！

【译文】

任何事都有至浅至深之分，片刻也不能脱离这个规律。因此我想将自己所居住的中堂命名为“八本堂”，那八本是：“读古书以书的注解为本；写诗词以运用的声调为本；赡养长辈以他们的快乐为本；养生以减少恼怒为本；立足以不妄语为本；治家以早起为本；做官以清廉为本；带兵以不扰民为本。”古人的格言多如牛毛，而关键就在于通过实践去检验这些真理究竟有何意义。探求到了真理就好像得到了名贵的珠宝一样爱惜；而失去了它就好比舍本逐末。古人的格言虽多，我们也要慎重地选择。

骨肉之情

——骨肉之情愈挚，则责之愈切

【原文】

惟骨肉之情愈挚，则望之愈殷，望之愈殷，则责之愈切。度日如年，居室如圜墙，望好音如万金之获，闻谣言如风声鹤唳；又加以堂上之悬思，重以严寒之逼人。其不能不出怨言以相詈者，情之至也！然为兄者，观此二字，则虽典谅其情，亦不能不责之，非责其情，责其字句，不检点耳，何芥蒂之有哉？

【译文】

如果骨肉之情越真挚强烈，那么对于自己兄弟的期望也就越高，对兄弟的责骂也就越严厉。我现在在这里几乎像是在度日如年，我的这个家就好比是座困人的围城，盼望好消息的心情，就好比是等待获得万两黄金一样的心情。外面稍微有个风言风语，就会搞得我坐卧不安，有如惊弓之鸟，还有对父母亲人的挂念，又加重了心里的愁烦，所以说了些互相埋怨的话，这也是心情恼闷造成的。然而我作为兄长，看到这两个字虽然是情有可原，但是在这里我还是不得不指责两句，不是指责其中的心情，而是说言语不够检点，又有什么芥蒂呢？

【原文】

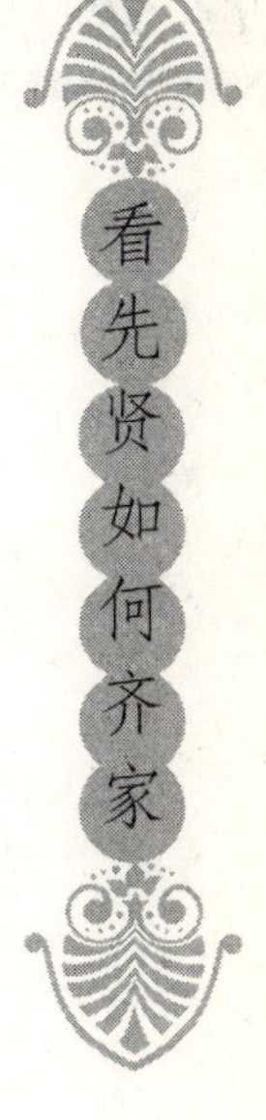

至于兄弟之际，吾亦惟爱之以德，不欲爱之以姑息。教之以勤俭，劝之以习劳守朴，爱兄弟以德也；丰衣美食，俯仰如意，爱兄弟以姑息也。姑息之爱，使兄弟惰肢体，长骄气，将来丧德亏行。是即我率兄弟以不孝也，吾不敢也！

【译文】

说到兄弟之间的情谊，我也只是以德爱之，而不是以姑息爱之。用勤俭相教，用习劳守朴的方法去勉励，这是兄弟以德爱之；让其丰衣美食，又为所欲为，这是兄弟以姑息爱之。姑息会造成兄弟们四体不勤，充满骄气，将来就有可能做出败坏德行的事情。这是我领着兄弟们行不孝，我不敢这么做。

居家四败

——士大夫之家旋踵而败，根于居家四败

【原文】

士大夫之家旋踵而败，往往不如乡里耕读人家之耐久。所以致败之由大约不出数端。家败之道有四，曰：礼仪全废者败；兄弟欺诈者败；妇女淫乱者败；子弟傲慢者败。身败之道有四，曰：骄盈凌物者败；昏惰任下者败；贪刻兼至者败；反复无信者败。未有八者全无一失而无故倾覆者也。

【译文】

士大夫家族家运，往往衰败得更快些，甚至还不如乡里寻常耕读人家的家运持久。而造成士大夫家运衰败的原因主要有四个：彻底抛弃了礼仪治家导致衰败；手足之间互相欺诈导致衰败；家里的女人不守妇道导致衰败；子女在外骄横导致衰败。至于个人的衰败也有四大原因：骄傲自满、欺负弱小的人衰败；懒惰、放纵下人的人衰败；私欲过重，对人刻薄的人衰败；不讲仁义信义的人衰败。我从来还没见过这八点毛病全无而无缘无故衰败的人家。

曾国藩家训

——看先贤如何齐家

居家五戒篇

戒骄

——天地间惟谦谨是载福之道

【原文】

功名之地，自古难居。兄以在籍之官，募勇造船，成此一番事业，名震一时。人之好名，谁不如我？我有美名，则人必有受不美之名者，相形之际，盖难为情。兄惟谨慎谦虚，时时省惕而已。若仗圣主之威福，能速将江面肃清，荡平此贼。兄决意奏请回籍，事奉吾父，改葬吾母。久或三年，暂或一年，亦足稍慰区区之心。但未知圣意果能俯从否？

诸弟在家，总宜教子侄守勤敬。吾在外既有权势，则家中子侄，最易流于“骄”，流于“佚”，二字皆败家之道也。

【译文】

位高名显的境遇，自古都难以安享。想当初我凭着是在籍的官员，在我们家乡招募湘勇，而且又建造了战船，最终成就了这一番事业，可谓是名震一时。人人都想天下闻名，可谁又比得上我呢？既然我有了美名，相应地肯定也有人背上了骂名。如此比较起来，我心里常常过意不去。所以打这之后，我时常提醒自己谨慎行事。假如仰仗皇上的隆恩，我能迅速把江面上的敌人肃清，将那些反贼彻底消灭，那我就准备辞官回乡，服侍父亲大人，将母亲迁葬，长则三年，短则一年，这样我的心里也能少一些对家里的愧疚，可就是不清楚皇上会不会应允我这样的请求。

各位弟弟在家里的时候，一定要教导子侄们要勤敬。因为我在外面位高权重，有权有势，所以家中的子侄是最容易骄逸的，恰恰这两个字就是败家之道。

戒傲

——长傲为凶德致败之道

【原文】

古来言凶德致败者约有二端：曰长傲；曰多言……历观名公巨卿，多以此二端败家丧身。余生平颇病执拗，德之傲也。不甚多言，而笔下亦略近乎嚣讼。静中默省愆尤，我之处处获戾，其源不外此二者。

温弟性格略与我相似，而发言尤为尖刻。凡傲之凌物，不必定以言语加人，有以神气凌之者矣，有以面色凌之者矣。温弟之神气，稍有英发之姿，面色间有蛮狠之象，最易凌人。凡心中不可有所恃，心中所恃，则达于面貌。以门第言，我之物望大减，方且恐为子弟之累；以才识言，近今军中炼出人才颇多，弟等亦无过人之处，皆不可恃。只宜抑然自下，一味言忠信，行笃敬，庶几可以遮护旧失，整顿新气，否则人皆厌薄之矣。

沅弟持躬涉世，差为妥叶。温弟则谈笑讥讽，要强充老手，犹不免有旧习，不可不猛省，不可不痛改！余在军多年，岂无一节可取？只因“傲”之一字，百无一成，故谆谆教诸弟以为戒也。

【译文】

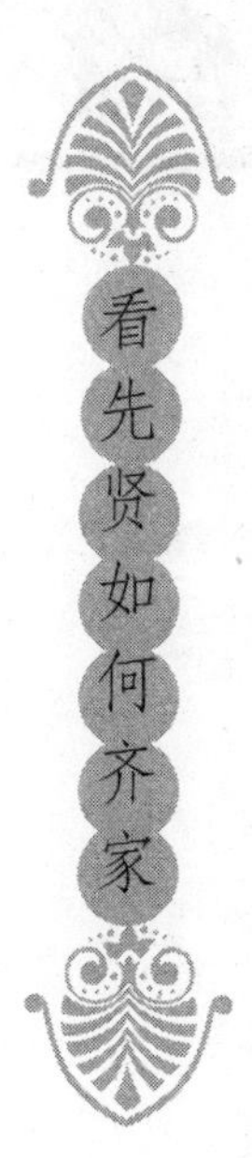

自古以来，但凡是德行丢失而导致失败的大概有两种原因，一是傲气，二是多言……纵观历史上的那些名臣良将，无一不是因为这两点，最终落得个身败名裂的下场。我这个人平时办事时，就是有点太执拗了，其实这反映出的就是我的傲气。虽然我平时嘴上的话不是很多，但是写文章时话倒不少且好争讼，写文章和说话其实是一样的。细想起来这些都是有可能为自己招来杀身之祸的弊端。而且以前我处处不顺利，大概也是出于这样的原因吧。

其实温弟的性格与我还是比较相似的，特别是说话时的尖酸刻薄尤其严重。想要以傲凌物，可不一定非要用话语去刺激别人的神经。有时候气质也可以表现自己的傲气，有时候不同的面色也可以表现自己的傲气。温弟的神气，稍带一些英气勃发的姿态，脸色上又有蛮狠的样子，最容易凌人。大凡心中不要有什么依仗，一旦心里有所依仗，就会反映在面貌上。从门第来说，现在我的声望大减，尚且怕被子弟们负累；从才识而言，眼下军中锻炼出来的人才很多，反倒是你们并没有什么过人之处，所以没有什么可依靠的。只应该时时自我贬抑，只称忠信，对人和善恭敬，这样才有可能遮盖自己以往的过失，整顿出不同凡响的气象，否则就会人人讨厌而不愿与你接近。

沅弟的处世方式还算是不错的；温弟则喜欢讥笑别人，而且还经常装成有经验的老人教训别人，这是一种很不好的习惯。不可不好好反省，更不可不改正。我在军中这么多年，难道没有做得对的地方吗？只因为这个傲字，结果百事无成，所以我要谆谆告诫诸位弟弟，希望你们也能以此为戒。

【原文】

吾家现虽鼎盛，不可忘寒士家风味，子弟力戒傲惰。戒傲，以不大声骂仆从为首；戒惰，以不晏起为首。吾则不忘蒋市街卖菜篮情景，弟则不忘竹山坳拖碑车风景。昔日苦况，安知异日不再尝之，自如谨慎矣。

【译文】

我们家虽然算得上是兴旺，但是不可忘了寒门家的处事风格。子弟们无论是对任何人，都要戒除傲气和惰性。所谓傲气，指的是不对仆人大声责骂；惰性，则指的是每天都需早起。我永远不会忘记当初在蒋市街头，我们卖菜篮时的情景，弟弟你也不要忘了，当初你在竹山坳拖碑车的情景。过去的贫苦日子，又怎知以后不会再有？自己应当谨慎为之。

戒气

——惩忿窒欲，平抑肝气

【原文】

当此乱世，黑白颠倒，办事万难，贤弟宜藏深山，不宜轻出门一步。澄弟去年三月在省河告归之时，毅然决绝，吾意戢影家园，足迹不履城市。此次一出，实不可解！以后务须隐遁，无论外间何事，概不可与闻；即家中偶遇横逆之来，亦当再三隐忍，勿与计较。吾近来在外，于“忍气”二字加倍用功。若仗皇上天威，此事稍有了息之期，吾必杜门养疾，不愿闻官事也！

【译文】

处在这么一个乱世之中，什么事情都黑白颠倒，办起事来也觉得是困难重重，贤弟你应该深居简出，就像住在山里的隐居者一样，不要轻易出来。澄弟去年三月份在省河告别回家时，曾十分坚决地表示要隐居，我也以为澄弟从此会隐身家园，不再涉足城市。可这次却突然出来，我心里感到十分不解，以后你们必须隐居，不管外面世界发生了多大的事，都不要将自己牵扯其中；即便是家中出了什么事故，也最好能多加忍耐，大事化小。最近我在外面，对于“忍气”颇有感触。如果凭借着皇上的恩德，将这件事平息下来，我一定归隐家中养病，永远不出来做官。

【原文】

肝气发时，不惟不和平，并不恐惧，确有此境。不惟盛年为然，即余渐衰老，亦常有勃不可遏之候。但强自禁制，降伏此心，释氏所谓降龙伏虎。龙即相火也，虎即肝气也。多少英雄豪杰打此两关不过，要在稍稍遏抑，不令过炽。降龙以养水，伏虎以养火。古圣所谓窒欲，即降龙也；所谓惩忿，即伏虎也。释儒之道不同，而其节制血气，未尝不同，总不使吾之嗜欲戕害吾之躯命而已。

至于"倔强"二字，却不可少。功业文章，皆须有此二字贯注其中，否则柔靡不能成一事。孟子所谓至刚，孔子所谓贞固，皆从倔强二字做出。吾兄弟皆秉母德居多，其好处亦正在倔强。若能去忿欲以养体，存倔强以励志，则日进无疆矣。

【译文】

肝气发作时，不仅人的心境平和不下来，而且心里也不会感到恐惧，确实是这种感受。不只是年轻时是这样，即使我现在上了年岁，依然还是这种感受，动不动就有怒不可遏的时候。但是要努力控制自己的情绪，去努力降伏自己的心，这就是佛教所说的"降龙伏虎"。龙就是相火，虎就是肝气。多少英雄豪杰都过不了这两关，关键是要稍稍控制，不要让肝火过分炽烈。降龙用来养水，伏虎用来养火。古代圣人所说的窒欲，就是降龙；所说的惩忿，就是伏虎。虽然佛家、儒家的理论不尽相同，但是其目的都是为了节制血气，节制每个人的欲望，不要让无休止的欲望去残害自己的身体寿命。

至于"倔强"这两个字，做人是必不可少的。著书立业，必须有点倔强的精神，不然会软弱无力，一事无成。孟子所说的至刚，孔子说的贞固，就是从这两个字上下工夫。咱们兄弟都是更多地继承了母亲的品德，母亲的优点就是倔强。如果能去除一个人的愤怒，以养身体，保留倔强以励志，则日进无疆矣。

戒凉德

——凡人凉薄之德，约有三端

【原文】

凡人凉薄之德，约有三端，最易触犯。闻人有恶德败行，听之娓娓不倦；妒功而忌名，幸灾而乐祸，此凉德之一端也。人受命于天，臣受命于君，子受命于父，而或不能受命，居卑思尊，日夜自谋置其身于高明之地，譬诸金跃冶而以镆铘、干将自命，此凉德之二端也。胸苞清虽，口不臧否者，圣哲之用心也；强分黑白、遇事激扬者，文士轻薄之习，优伶风切之态也，而吾辈不察而效之，动辄区别善恶，品第高下，使优者未必加劝，而劣者几无以自处，此凉德之三端也。

【译文】

一般品行低下、道德败坏的人，通常有着三个典型的表现。听到恶德下流的事情，他听起来会表现得津津有味；容易产生嫉妒心理，一旦看见那些比自己有本事的人遭了殃，他们总是会幸灾乐祸，这是他们道德低下的第一种表现。人受命于天，与臣受命于君，子受命于父是一样的，有的人不愿意听从命令，居于卑贱之地，却想着尊贵之位，日夜想着让自己一

步登天，就像普通的金属想一下子以镆铘、干将自命一样，这是他们的第二种表现。心胸清静，不随意褒贬别人，这是圣哲的心态；强去分辨黑白，哗众取宠，这是文人轻薄的习气，也是优伶人风骚的姿态，如果我们对此毫不察觉，轻率地仿效，动不动就要分辨出个善恶高低，使那些优秀的人无法加勉，而处于劣势的人无法自处，这是他们的第三种表现。

戒忮求

——欲求造福，先去忮求

【原文】

余生平略述先儒之书，见圣贤教人修身，千言万语，而要以不忮不求为重。忮者，嫉贤害能，妒功争宠，所谓怠者不能修，忌者畏人修之类也。求者，贪利贪名，怀土怀惠，所谓未得患得，既得患失之类也。忮不常见，每发露于名业相侔、势位相埒之人；求不常见，每发露于货财相接、仕进相妨之际。

【译文】

我平时喜欢读一些先儒们的著作，发现圣贤教给人修身的方法不管说得再多，总结起来就是告诉人们要“不忮不求”。忮，也就是嫉贤害能，妒功争宠。这样的人自己肚子里毫无德行可言，但是他们还会对修德进业的人产生怀恨的心理。求，指的是贪图名利，不安于现状，不是自己的东西他也会想方设法得到，得到了的东西又害怕失去的这一类人。忮，这种人并不常见，一般是在名望、事业相当，地位相等的人身上才会有所体现；求，也不常见，往往发生在财物交往、或者双方名利有冲突时才会爆发。

【原文】

将欲造福，先去忮心，所谓人能充无欲害人之心，而仁不可胜用也。将欲立品，先去求心，所谓人能充无穿窬之心，而义不可胜用也。忮不去，满怀皆是荆棘；求不去，满腔日即卑污。余于此二者，常加克治，恨尚未能扫除净尽。尔等欲心地干净，宜于此二者痛下工夫，并愿子孙世世戒之。

【译文】

人要想得到福气，首先就要去掉嫉妒心，一个人如果能让自己没有害人之心，那么这个人心里的仁义就会用之不尽。人要想树立品行，就要学会去掉贪心。人如果能做到没有贪念，他就不会有偷窃的心理，而心中的“义”也将用之不竭。“忮”心不去，心里都是荆棘；“求”心不去，心灵就会日渐卑污。我对这两种邪心，也时常加以克制，唯一遗憾的就是还未能将他们全部净化干净。如果你们想心地干净，那就必须在这两者上面狠下功夫。并且希望子孙后代都要以此为戒。

曾国藩家训

——看先贤如何齐家

交接之道篇

慎择友

——朋友之贤否，关乎一生之成败

【原文】

凡人必有师，若无师，则严惮之心不生。既以丁君为师，此外择友，则慎之又慎。昌黎曰：“善不君与，吾强与之附；不善不吾恶，吾强与之拒。”一生之成败皆关乎朋友之贤否，不可不慎也！

【译文】

人一定要有个好的老师，假如没有老师，这个人也就不懂得什么叫威严忌惮之心。既然拜丁君为师，那么除了老师之外，在交友时就要慎之又慎。韩愈说过：“好的人不与我结交，我就努力去攀附他；不好的人不厌恶我，就努力去拒绝他。”一个人的成功与失败，与所能交到的朋友是善是恶有着很大的关系，所以交朋友不得不谨慎而行。

【原文】

京师为人文渊薮，不求则无之，愈求则愈出。近来闻好友甚多，予不欲先去拜别人，恐徒标榜虚声。盖求友以匡己之不逮，此大益也；标榜以盗虚名，是大损也。天下有益之事，即有足损者寓乎其中，不可不辨。

【译文】

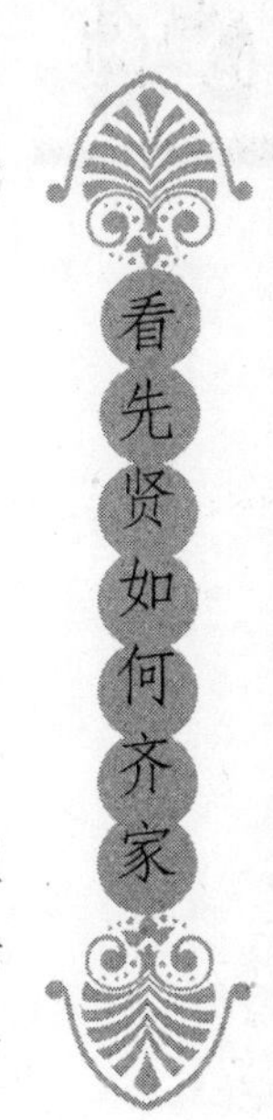

京城是一个各地人才汇聚的大地方，如果你不去找则一个人也没有，只要下诚信心去找，那人才是越找越多。近来听说来京城的好友众多，但是我拿不准该去拜访谁，而且还担心找不对人，人家会误会我是想借拜访之名自我标榜。求友的目的是为了向人讨教自己所不懂的东西，这是最有益的；自我标榜以获取虚名，这是最有损名誉的。天下有益的事情中，也有足可造成损害的东西包括在其中，不可不认真分辨一下。

真意待人

——与人交接周旋须有真意

【原文】

凡与人交接周旋，若无真意，则不足以感人；然徒有真意而无文饰以将之，则真意亦无可托之以出，礼所称“无文不行”也。余生平不讲文饰，到处行不动，近来大悟前非。弟在外办事，宜随时斟酌也。

【译文】

凡是与人交往的，如果不是出于真心实意，那是很难打动别人的。可是如果只有真意，却不懂得表现真意的技巧，那又很难让别人体会到你的真意。这就是“礼”中所说的“无文不行”。我以前一直不讲究这样的技巧，因此到哪都经常吃闭门羹。近些年来我才慢慢发现自己的错误，并为此深深后悔。你经常在外面做事，更应该牢记这一点。

【原文】

大抵与兵勇及百姓交际，只要此心真实爱之，即可见谅于下，余之所以颇得民心勇心者，此也。与官员及绅士交际，则心虽有等差，而外之仪文不可不稍隆，余之所以不获于官场者，此也。去年与弟握别之时，谆谆嘱弟，以效我之长，戒我之短。数月以来，观弟一切施行，果能体此二语，欣慰之至！惟作事贵于有恒，精力难于持久，必须日新又新，慎而加慎，庶几常葆令名，益崇德业。

【译文】

但凡和兵士以及百姓交往的，只要你爱民如子是出于真心的，那一定能得到他们的拥护。我之所以如此受人尊敬就是因为这一点。与官员和绅士相往来，虽然心里有等级的差别，而表现出来的礼节则不能不稍稍隆重一些，我在官场不是太行得通就是因为不太注意这一点。去年我与你告别的时候反复叮嘱你要仿效我的长处，改掉我的短处，几个月以来，我看你的所作所为，确实听从这两句话，心里感到十分欣慰。只不过做事都需要有恒心，最难的就是长久地坚持一种作为，所以希望你能日日更新自己的思想，慎之又慎，这样才能保持你的好名声，积攒你的德行和名声。

官场交接

——凡大员之家，无半字涉公庭

【原文】

至于与官场交接，吾兄弟患在略识世态而又怀一肚皮不合时宜，既不能硬，又不能软，所以到处寡合。迪庵妙在全不识世态，其腹中虽也怀些不合时宜，却一味浑含，永不发露。我兄弟则时时发露，终非载福之道。雪琴与我兄弟最相似，亦所如寡合也。弟当以我为戒！一味浑厚，绝不发露。将来养得纯熟，身体也健旺，子孙也受用。无惯习机械变诈，恐愈久而愈薄耳。

【译文】

在官场上行走，我们兄弟最大的缺陷在于，我们既懂得世态炎凉的道理，但又总是有着一种异想天开的想法。我们徘徊在硬和软之间，所以到处与人不合。而迪庵与我们相反，他的优势在于对世态一窍不通，而且他心中虽然也有些不合时宜，但都一味含蓄，常常是喜怒不形于色。可我们兄弟则经常将我们的想法表现在我们的表情上，这终究不是载福的方法。

雪琴与我们兄弟最为相似，所以也落落寡合。弟弟应当以我为鉴，在任何情况下，都要学会含蓄，不要轻易表露自己的心情变化。将来把这养成一种习惯了，你的身体也会康健，而且子孙还可以从中受益。但是切莫去学那些奸诈之术，不然时间长了会有损你的阳寿。

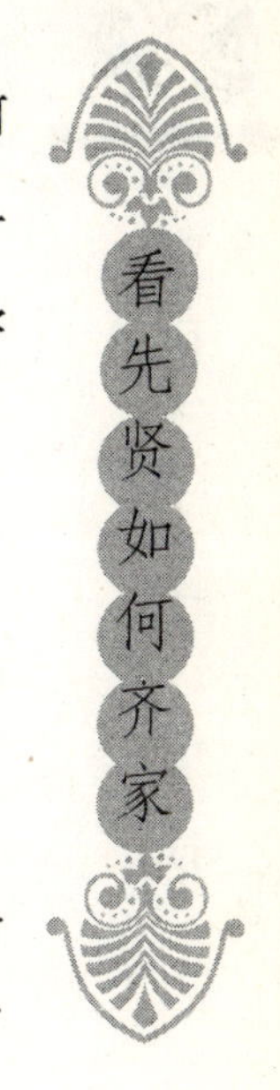

【原文】

我县新官加赋，我家不必答应，任他加多少，我家依而行之。如有告官者，我家不必入场。凡大员之家，无半字涉公庭，乃为得体。为民除害之说，为所辖之属言之，非谓去本地方官也。

【译文】

咱们县新上任的父母官要求加赋税，咱家不要去顶撞他，不管他要加多少，咱照交就是了。假如为此有人要去告官，我家也不要参与。凡是在家里有人在朝里做大官的人家，不要和任何纠纷扯上关系，这才得体。老百姓所说的为民除害，除的只是一方的地方官，又不是将矛头指向家里做官的人。

参考文献

①《曾国藩家世家书家训》，徐寒主编，中国书店出版社，2010

②《曾国藩·曾文正公家书786封》，（清）曾国藩著，（清）李瀚章编撰，（清）李鸿章校刊，中国书店出版社，2011

③《曾文正公家书》，（清）曾国藩著，李鸿章校勘，中国华侨出版社，2012

④《曾国藩家书全集》，（清）曾国藩著，（清）李瀚章编撰，（清）李鸿章校刊，金城出版社，2013

⑤《曾国藩家书家训》，曾国藩著，中国民族摄影艺术出版社，2005